经济管理学术文库·管理类

委托投资组合管理合同、绩效与资产价格研究

Study on Delegated Portfolio Management
Contracts, Performance and Asset Price

盛积良／著

图书在版编目（CIP）数据

委托投资组合管理合同、绩效与资产价格研究/盛积良著. —北京：经济管理出版社，2019.1
ISBN 978-7-5096-6349-3

Ⅰ.①委⋯ Ⅱ.①盛⋯ Ⅲ.①委托代理—投资管理—研究 Ⅳ.①F830.593

中国版本图书馆 CIP 数据核字（2019）第 016579 号

组稿编辑：杨国强
责任编辑：杨国强　王　洋
责任印制：黄章平
责任校对：张晓燕

出版发行：经济管理出版社
　　　　　（北京市海淀区北蜂窝 8 号中雅大厦 A 座 11 层　100038）
网　　址：www.E-mp.com.cn
电　　话：(010) 51915602
印　　刷：三河市延风印装有限公司
经　　销：新华书店
开　　本：720mm×1000mm/16
印　　张：13
字　　数：147 千字
版　　次：2019 年 3 月第 1 版　2019 年 3 月第 1 次印刷
书　　号：ISBN 978-7-5096-6349-3
定　　价：68.00 元

·版权所有　翻印必究·
凡购本社图书，如有印装错误，由本社读者服务部负责调换。
联系地址：北京阜外月坛北小街 2 号
电话：(010) 68022974　　邮编：100836

Preface 前　言

在发达金融市场，机构投资者的交易占主要地位，而个人投资者的交易只占很少的一部分，投资主体机构化，资产管理专业化，委托组合投资管理成为金融资产投资的主要形式。如美国证券交易委员会2013年的报告显示，机构投资者拥有67%的美国公司的权益资本，而这一比例在1950年仅为7%；股票市场机构投资者的交易量已超过市场交易总量的70%。近年来，我国积极培育长期战略投资者和超常规发展机构投资者，机构投资者逐渐成为市场的投资主体，Wind数据显示，机构持股市值占市场总市值的比例从2007年底的11.24%迅速扩大到2015年底的50%。

机构投资产生的委托代理问题已对金融市场产生重要影响。标准的资产定价理论只考虑代表性投资者的定价问题：假设整个经济系统中只有一个代表性的投资者，在预算约束下，投资者对其初始财富进行消费和投资，并追求个人效用最大化，均衡条件下确定资产的价格。该定价方法没有考虑机构投资者的资产配置问题，机构投资者在构建资产组合时受两种激励的影响，一种为委托合同约定的报酬，一般称为显性激励；另一种为相对业绩好的基金有大量的新资金流入，管理者获取更多报酬，这种激励一般称为隐性激励。虽然学术界对机构投资的最优报酬合同方式至今尚无定论，但实践中基于相对的业绩报酬合同，管理者报酬由两部分组成，一部分报酬基于所管理的总资产价值的大小，一般为总资产价值的某一比例；另一部分为超额报酬，即管理者对超基准组合收益的分享。机构投资者的报酬以及未来投资者对于基金的选择很大程度上取决于基金管理者投资业绩。对投资业绩的追求，使机构投资者转嫁风险，或偏爱某类资产（如基准组合），这种投资组合策略有可能进一步影响资产价格。因此，研究委托投资组合管理中的合同、绩效与资产价格之间的关系尤为重要。

本书系统地论述了委托投资组合管理的研究现状；探讨了VaR约束对委托投资组合管理合同激励的影响；详细介绍了基金绩效评价的方法，并通过实证研究分析了我国开放式证券投资基金绩效；研究了基金绩效与基金风险的关系，并进行了实证分析；系统介绍了基于委托代理理论的资产定价模型，并采用我国股票市场的数据对该模型进行了实证分析。

本书的主要内容和结构安排如下：

第1章从相对业绩合同的结构及其对管理者资产选择和资产价格的影响、相对业绩合同下机构竞争与投资组合行为及其对资产价格的影响等方面对委托投资组合管理的研究现状进行综述，分析现有研究存在的问题。

第2章首先介绍了风险度量方法VaR的定义与性质等，在此基础上通过委托代理模型和数值分析研究了VaR约束对线性合同的激励效应影响。研究结论表明，在VaR约束下，基于业绩的线性契约能激励管理者努力搜集私人信息；风险厌恶管理者的期望效用和最优努力水平是其收益分享比例的增函数；风险约束管理者的努力水平低于不存在风险约束时的努力水平，风险约束加剧了道德风险问题。

第3章详细介绍了基金绩效评价方法和综合绩效评价模型。对超效率DEA模型、VaR风险测度模型和因子分析模型进行了详细分析，提出了"VaR+因子分析+超效率DEA"模型的综合绩效评价方法，并对该模型的指标设计与投入产出指标进行了分析。

第4章根据我国开放式基金的数据，利用"VaR+因子分析+超效率DEA"模型对基金绩效进行评价。并根据股票市场的表现分为不同的评价期，实证分析了我国开放式基金绩效的持续性，研究结论表明绩效排名不具有持续性的特征。

第5章在连续时间金融的框架中，通过建立一个动态模型分析了相对业绩合同下基金绩效与基金风险的关系，并采用我国开放式基金的数据进行了实证研究，实证分析的结果支持理论模型的结论。并且发现开放式基金在存在基金竞赛的情况下，基金经理在熊市和牛市风险调整行为存在差别。

第6章首先对传统资产定价模型和代理投资下的资产定价模型从理论和实证两方面进行了综述，然后介绍了两因素基于委托代理理论的资产定价模型，并将该模型与传统的资本资产定价模型进行了比较。

第7章利用我国股票市场的数据，选取上证180指数作为基准指数，采用Fama-Macbeth方法对第6章基于委托代理理论的资产定价模型进行实证分析，发现基金投资能够对我国股票市场中的资产定价产生影响，并且该模型有一定的解释能力。

感谢国家自然科学基金项目（71161013、71561011）对本书的研究与出版给予的资助。

感谢我的近几届研究生——邓锦隆、余楠、叶丽、段新锋等对本书资料的收集、整理和撰写。同时，感谢江西财经大学统计学院对本书研究和出版的资助。

由于本人水平有限，本书难免存在疏漏和不当之处，恳请国内外学者和广大读者批评指正，以便总结和提高。

Contents | 目　录

1　绪　论 ·· **001**

   1.1　引言 / 001

   1.2　国内外研究现状 / 002

2　VaR 约束的委托投资组合管理激励契约研究 ············ **023**

   2.1　引言 / 023

   2.2　风险度量方法 VaR / 025

   2.3　条件数学期望 / 031

   2.4　相关假设 / 033

   2.5　不存在风险约束时管理者最优努力水平 / 035

   2.6　存在 VaR 约束时管理者效用函数 / 037

   2.7　VaR 约束对线性契约激励的影响 / 042

   2.8　本章小结 / 046

3 基金绩效评价 049

    3.1 基金绩效评价方法 / 049

    3.2 综合绩效评价模型 / 057

    3.3 实证模型指标体系的设计 / 066

4 我国开放式证券投资基金绩效评价的实证分析 071

    4.1 实证样本的选取和数据来源 / 071

    4.2 投入产出指标计算结果与分析 / 073

    4.3 基金绩效评价结果与分析 / 086

    4.4 我国开放式证券投资基金绩效持续性的实证分析 / 096

5 基金业绩与基金风险的关系研究 103

    5.1 引言 / 103

    5.2 资产选择模型 / 106

    5.3 业绩与风险关系 / 108

    5.4 实证假设和数据 / 110

    5.5 实证结果 / 114

    5.6 本章小结 / 124

6 基于委托代理理论的资产定价模型 125

    6.1 相关文献综述 / 125

    6.2 模型假设 / 143

    6.3 模型及其分析 / 144

    6.4 与传统 CAPM 模型的比较 / 147

7 基于委托代理的资产定价模型实证研究 ······ **149**

7.1 数据 / 149

7.2 方法 / 150

7.3 获取基准残差 e_t / 154

7.4 构造投资组合 / 159

7.5 模型检验 / 165

7.6 本章小结 / 170

参考文献 ······ **175**

1 绪 论

1.1 引 言

在发达金融市场，机构投资者的交易占主要地位，而个人投资者的交易只占很少的一部分，投资主体机构化，如美国证券交易委员会 2013 年的报告和 Stambaugh（2014）的研究发现，机构投资者拥有 67% 的美国公司的权益资本，而这一比例在 1950 年仅为 7%；股票市场机构投资者的交易量已超过市场交易总量的 70%［French（2008）］。张涤新和屈永哲（2018）的研究认为，近年来，借鉴国外资本市场机构投资者发展的成功经验，我国提出培育长期战略投资者和超常规发展机构投资者战略，机构投资者逐渐成为市场的投资主体，Wind 数据显示，机构持股市值占市场总市值的比例从 2007 年底的 11.24% 迅速扩大到 2015 年底的 50%。

机构投资产生的委托代理问题已对金融市场产生重要影响。标准的资产定价理论只考虑代表性投资者的定价问题：假设整个经济系统中只有一个代表性的投资者，在预算约束下，投资者对其初始财富进行消费和投资，并追求个人效用最大化，均衡条件下确定资产的价格。该定价方法没有考虑机构投资者的资产配置问题，机构投资者在构建资产组合时受两种激励的影响，一种为委托合同约定的报酬，一般称为显性激励；另一种为相对业绩与资产流动的关系，如 Chevalier 和 Ellison（1997）、Sirri 和 Tuffano（1998）等发现基金的资金流动和基金的相对业绩之间存在不对称的凸关系，相对业绩好的基金有大量的新资金流入，从而基金净值增加，管理者获取更多报酬，这种激励一般称为隐性激励。虽然学术界对机构投资的最优报酬合同方式至今尚无定论，但实践中基于相对的业绩报酬合同，管理者报酬由两部分组成，一部分报酬基于所管理的总资产价值的大小，一般为总资产价值的某一比例；另一部分为超额报酬，即管理者对超基准组合收益的分享，分享比例可以是线性的，也可以是非线性的。机构投资者的报酬以及未来投资者对于基金的选择很大程度上取决于基金管理者投资业绩。对投资业绩的追求，使机构投资者转嫁风险，或偏爱某类资产（如基准组合），这种投资组合策略有可能进一步影响资产价格。

1.2 国内外研究现状

1.2.1 相对业绩合同的结构

Stoughton（1993）发现线性相对业绩合同没有激励作用，线性相对业绩合同导致管理者对获取信息的投资不足，但该问题可以通过 Bhattacharya 和 Pfleiderer（1985）的二次合同解决。Admati 和 Pfleiderer（1997）及曾勇和唐小我等（2000）有相同结论。Ou-Yang（2003）发现动态委托投资组合管理的最优报酬合同为对称相对业绩合同。倪苏云、肖辉和吴冲锋等（2004）设计了基于业绩的基金费率结构。Gomez 和 Sharma（2006）认为卖空限制下的线性相对业绩合同能激励管理者，且激励作用优于二次合同。盛积良和马永开（2007）研究认为在管理者具有市场能力时，线性相对业绩合同具有激励作用，但他们没有求解最优相对业绩合同。Li 和 Tiwari（2009）发现期权型的相对业绩合同可以克服管理者对私人信息获取投资不足问题。刘京军和梁建峰（2009）认为相对业绩合同应包括固定费用、代理成本及超额投资收益。Cvitanić、Wan 和 Zhang（2009）研究认为，在动态委托代理关系下，管理者的最优报酬合同为非线性的。Dybvig 和 Farnsworth 等（2010）认为在资产选择限制的条件下最优报酬合同为引入基准组合的线性相对业绩合同。Kyle、Ou-Yang 和 Wei（2011）将信息获取模型化为内生变量，认为线性相对业绩合同可以激励管理者去努力获取信息。

盛积良和马永开（2012）假设管理者投资组合受总风险约束，通过委托代理模型和数值分析研究委托组合投资管理中基于业绩的线性契约激励效应。他们的研究结论表明：在总风险约束下，基于业绩的线性契约能激励管理者努力搜集私人信息；风险厌恶的管理者的期望效用和最优努力水平是其收益分享比例的增函数；总风险约束下的管理者的努力水平低于不存在风险约束时的努力水平，风险约束导致管理者信息价值的损失。他们的研究结论从一个侧面解释了委托组合投资管理实务中线性契约被广泛采用的原因，并为私募基金风险管理和契约设计提供参考。

Agarwal 和 Gomez 等（2012）卖空限制下相对业绩合同具有激励作用。他们认为在卖空限制下，线性相对业绩合同能激励管理者的努力，但对管理者的激励费率应高于没有卖空限制下的激励费率，而且基准组合不应该作为一个外生变量出现在合同的约束条款中。当基准组合设计是内生条款时，最大化信息率对基金投资者来说是次优的，只有当基金投资者风险容忍度足够大和管理者的能力足够高时，最大化信息率才是最优的。

1.2.2 相对业绩合同对管理者资产选择的影响

在非对称相对业绩合同的期权特性对管理者资产选择影响的研究中，Grinblatt 和 Titman（1989）认为非对称相对业绩合同的期权性质使得管理者选择加大基金波动率（即风险）的投资策略。但是在假设管理者是风险厌恶的基础上，Carperter（2000）得出了与 Grinblatt 和 Titman 不同的结论，如果管理者不能为其报酬套期保值，则期权型的合同不一定导致更大的风险，Ross（2004）的研究得出了相似的结论。Panageas 和 Westerfield（2009）认为由期权型相对业绩合同导致的管理者对风险的偏好行为是有限的，因为期权存在放大效应。

在相对业绩合同与管理者风险选择的研究中，Basak 和 Shapiro 等（2006）研究认为外生基准约束能克服相对业绩合同的逆风险激励问题，投资者可以通过基准和基金的组合实现自己满意的投资收益。Basak、Pavlova 和 Shapiro（2007）研究认为相对业绩报酬合同下，管理者为了获得超基准组合的业绩而产生风险转嫁行为是有限的，管理者加大还是减少投资组合取决于其对风险的容忍度大小。Basak、Pavlova 和 Shapiro（2008）假设管理者的报酬根据与其他管理者相比较的相对业绩来确定，从理论上证明了年中业绩落后于基准组合（或同行业的平均水平）的基金下半年必然加大风险，业绩好的基金为了保住领先位置变得更加保守。Alexander 和 Baptista（2008）发现在 Roll（1992）的 TEV 模型中加入 VaR 约束使积极的投资管理者选择更加有效的资产组合。Binsbergen、Brandt 和 Koijen（2008）研究了分散投资情况下相对业绩合同对管理者资产选择的影响，认为基准组合设计可以改善相对业绩合同的激励。Hugonnier 和 Kaniel（2010）研究了资金动态流动时共同基金的投资组合策略，发现基金的费率和风险存在正的相关性。

在国内的相关研究中，王明好和陈忠等（2004）研究认为基金管理费率不对称程度的增加，使基金风险加大。史晨昱和刘霞（2005）通过比较赢家和输家两组样本在基金排名宣告期前后相对风险的变动量，来检验中国基金经理人风险调整行为的差异，研究结果表明，前期绩效较差的基金会增加本期投资组合的风险，新基金对投资风险的调整程度会比老基金来得大。丁振华（2006）利用我国开放式基金的周收益率数据没有发现年中业绩差的基金下半年增加基金组合的风险。方毅和张屹山（2006）认为，为了保护投资者的利益应从总风险约束和基准组合的选择两方面对基金管理者的行为进行限制。盛积良和马永开（2008）假设基金管理者的报酬合同为相对业绩合同，研究相对业绩合同不对称与资金流动不对称对开放式基金风险承担行为的影响。发现相对业绩合同不对称程度和流动不对称程度对基金风险承担行为的影响正好相反，两类不对称的同时作用使任何一类不对称减轻了另一类不对称对基金风险承担行为的影响。提高基金管理者的收益分享比例不能使基金承担更多风险，而流动量的增加可以使基金管理者选择更多高风险资产。

1.2.3 相对业绩合同对资产价格的影响研究

Allen 和 Gorton（1993）认为投资管理者为投资者提供资产管理服务，他们分享资产价格上升的收益，但对资产价格下跌的风险却只承担有限责任，这种不对称的相对业绩报酬结构类似于一个基于资产组合的看涨期权。不对称的报酬使得管理者脱离市场的基本面而进行无信息的交易（churning），这种无信息的交易使得市场存在短期的投机利润，资产价格出现泡沫。随后金融学者开始沿着 CAPM 的建模方法，企图通过模型解释机构投资者对资产定价的影响。特别是 2007~2008 年的金融危机使相关领域的学者们认识到研究机构投资者对资产定价影响的重要性，此后金融学家直接以解释机构投资者与资产定价、金融危机的关系为研究目标，从不同角度进行建模。相关研究可以归纳为三类：

第一类在一个有两类投资者的静态均值—方差经济体中建模。Brennan（1993）第一个尝试将机构投资者引入资产定价模型，假设管理者的报酬基于相对业绩，且其效用函数为 CARA 型，通过一个静态的均值—方差模型，他认为如果基准组合是外生给定的（如标准普尔 500 指数），则股票的均衡期望收益与该股票和非基准组合成分股的协方差之间存在线性关系，在定价模型中，只有目标股票和非基准组合成分股的协方差作为定价因素，除非投资者了解期望收益的结构，并且选择了最优基准组合，否则均衡期望收益不是有效的。由于基于 1933~1990 年的数据不支持模型的预测结果，Brennan（1993）的研究没有引起广泛关注。Gomez 和 Zapatero（2003）、Cornell 和 Roll（2005）、Brennan 和 Li（2008）在 Brennan（1993）研究的基础上，假设委托组合投资的管理者的报酬合同为相对业绩合同，建立了两因素 CAPM 模型，这两个模型为市场组合和基准组合，Petajist（2009）也有相似研究。Leippold 和 Rohner（2010）将机构投资作为内生变量建模，研究认为机构投资降低了市场的风险升水；当考虑相对业绩时，与基准组合高度相关的股票有更低的收益率，他们的实证研究支持了模型预测的结果。

第二类建立一般均衡模型，分析机构投资者及相对业绩合同对资产定价的影响。Berk 和 Green（2004）对委托投资组合管理中的一般均衡问题进行了研究。他们研究的出发点是基金管理中的两个重要的实证结论，一是积极管理的基金的收益不能战胜消极管理的指数基金的收益，二是管理者的相对业绩不能根据以前的业绩进行预测。Berk 和 Green 认为只要考虑委托投资组合管理对一般均衡的影响，则这些实证结论很容易解释。在他们的模型中假设管理者对未来资产的价格预测有超过一般人的能力，且每个管理者的能力不同，资产流向有突出业绩的基金管理者，委托方通过理性学习知道管理者的能力，当市场达到均衡时他们通过模型得出所有的委托方获得的超额收益为零，这正好解释了上述实证的结论。Kapur 和 Timmerman（2005）在假设管理者的报酬与基金的绝对收益和相对于其竞争者的收益之间存在线性关系的基础上，他们认为与投资者直接投资相比，委托投资组合管理导致对风险资产的需求大大增加。他们分析有两个主要原因：一是管理者的报酬合同导致了管理者和投资者的风险分担，所以管理者和投资者都愿意承担比单独投资者更大的风险；二是基金管理者比投资者有更多的信息，间接地降低了资产的风险。管理者在资产组合选择时是否存在羊群行为取决于管理者的参与约束是否是紧的。他们的研究一个重要结论是委托资产组合管理降低了资产溢价，Arora、Ju 和 Ou-yang（2006）假设管理者管理基金组合存在成本，研究了管理者的最优合同与资产均衡价格的关系，发现采用线性合同使股票的风险升水降低。Cuoco 和 Kaniel（2011）研究了对称和非对称相对业绩合同对资产价格的影响，分析了相对业绩合同与资产价格的关系，认为对称合同与基准组合中股票的均衡价格显著负相关，与均衡夏普比率显著负相关，与均衡波动率没有显著的正相关关系。非对称合同使非基准组合中的股票有更高的价格、更大的波动率和更低的夏普比率。与对称合同相比，非对称合同意味着更多的交易，管理者的资产配置战略对相对业绩的变化更敏感。

第三类研究相对业绩与资金流动的凸关系对资产价格的影响。Kaniel 和 kondor（2010）将代理投资引入 Lucas 交换经济中，他们将经济体中的投资者分为两类：第一类投资者直接管理自己的资产，第二类投资者把资产委托给专业基金管理者进行管理。第二类投资者的比例根据专业基金管理者的投资业绩来确定，即基金管理者的业绩越好，市场上第二类投资者的比例越高，他们用资金流动与投资业绩的函数关系来描述第二类投资者的比例。资金流动与业绩之间的凸关系意味着基金的平均业绩在衰退时好于市场平均业绩，在扩张时，正好相反。当市场上代理投资的比例较低时，所有基金采用相同的交易策略，然而当市场上代理投资的比例很高时，基金采用不同的交易策略，基金通过借款持有高杠杆的头寸，从横截面看，基金收益变得分散，市场上的借贷增加，委托资产比例与夏普比率之间存在反 U 形的关系。Vayanos 和 Voolley（2010）研究了资产流动对资产价格的影响，基金管理者投资业绩的好坏导致了资金在基金间的流动，资金流动的惯性及理性价格的调整不能充分反映未来资金流动导致了基金的惯性交易；资金流动使价格偏离基本面，导致了基金的反转交易。除了惯性交易和反转交易外，资金流动还产生了共同运动（comovement）、领先—落后影响和放大效应，这些影响使资产价格的变化放大，另外管理者对商业风险的关心加大了价格波动。Basak 和 Pavlova（2014）认为机构投资者关心其相对于某确定指数（如基准组合）的业绩，他们发现机构投资者热衷于提高组合的杠杆，倾向于选择基准组合的成分股，推高了基准组合中股票的价格，同时机构投资者和个人投资者相比对风险资产有更高的需求，这样推高了整个风险资产的价格。机构投资使整个市场的夏普比率出现反周期性，机构投资者交易的股票与基准组合成分股高度相关，产生了资产类效应，机构通过杠杆融资购买指数成分股，Basak 和 Pavlova（2014）的模型对金融危机期间去杠杆化的金融政策提供了理论解释。

还有其他一些文献研究机构投资者对业绩的追求与资产价格的关系，如 Garcia 和 Vanden（2009）将基金管理的资产规模大小内生化，由代理人信息质量决定，基金行业的相互竞争使市场价格更能反映信息，并且降低了股票的风险升水。Guerrieri 和 kondor（2010）根据基金过去的业绩修正对管理者能力的认识，并以此决定管理者的去留，投资者的这一选择导致管理者对职业生涯的关心。他们研究认为职业生涯关心影响基金的资产配置，引起反周期的"声誉升水"，放大了资产价格波动。Dasgupta、Prat 和 Verardo（2010）研究了机构投资者的羊群行为对资产价格的影响。

另外，有些学者从资本约束的角度研究机构投资者对资产价格的影响。如 He 和 Krishnamaurthy（2012）假设机构投资者的效用函数为 CARA 型，且经济体中只有一种股票，建立了一个动态资产定价模型，在该模型中，机构投资者资产选择受合同摩擦的约束，他们发现在坏状态时（如危机），机构投资者受到严格约束，股票的夏普比率增加。He 和 Krishnamaurthy（2013）建立了一个两因素资产定价模型解释金融中介机构的资本在资产定价中扮演重要角色，Brunnermeier 和 Sannikov（2011）假设机构投资者由于道德风险问题其资本受到某种约束，研究了金融摩擦对资产价格的影响。

在国内的研究中，陈国进和吴锋（2002）、蔡庆丰和李超（2002）、张亦春和蔡庆丰（2004）研究了机构投资及其报酬合同对资产价格的影响。盛积良和马永开（2006）假设管理者的报酬合同为相对业绩，建立了一个两因素资产定价模型。吴晓亮和刘亮（2010）研究了基金投资者和基金管理者之间的委托代理问题对资产价格的影响，在不限制基金资产投资范围的假设下，推导了一个类似于 CAPM 模型的两因素资产定价模型。

1.2.4　相对业绩关心下机构竞争与投资组合行为的理论研究

相关研究根据建模方法可以分为两类：第一类基于 Brown、Harlow 和 Starks（1996）的研究，采用基金锦标赛的理论框架建模；第二类采用动态博弈方法建模。

在第一类研究中，Taylor（2003）在 Brown、Harlow 和 Starks（1996）的研究基础上，通过建立一个两期模型，研究两只年中不同业绩的基金之间的竞争行为，发现当两只基金都是积极投资者时，年中业绩好的基金为了保住竞争优势以吸引新资金的流入在年末持有更多风险资产,而业绩差的基金正好相反。特别地,当两基金的业绩差额越大、股票的收益越高、波动率越低时这种趋势更加明显。Palomino(2005)假设投资者根据相对业绩来评价基金管理者和配置资金,基金管理者的报酬基于其管理的资产规模,这种选择基金的规则和报酬方案使得管理者追求相对业绩。他们研究了相对业绩目标对竞争的基金数量与交易策略的影响,与最大化绝对业绩相比,相对业绩目标增加了基金市场战略的风险,降低了低质量基金的数量,增加了投资者的期望收益。Basak、Shapiro 和 Tepla(2006)、van Binsbergen、Brandt 和 Koijen(2008)、盛积良和马永开(2008)研究了管理者企图战胜外生基准组合时的投资行为。Carpenter (2000)、Basak、Pavlova 和 Shapiro(2007)证明了管理者目标函数的凸性对管理者投资组合选择具有显著影响,导致风险转嫁行为。Chen、Hughton 和 Stoughton(2012)研究了管理者在一个多期赢者通吃(winner-take-all)的锦标赛中竞争的最优投资策略,考虑到多期多个管理者的竞争,最优策略依赖于中间期的状态,在最后日期,除业绩领先的基金外,其他基金管理者最大化增加投资组合的风险,而业绩遥遥领先的基金减少了其风险,他们的实证研究支持理论研究的结论。另外,Anderson (2012)研究了基金管理者相对业绩目标对管理者博弈行为的影响,发现管理者报酬分布呈现负偏态(negative skew),他的研究侧重于博弈行为对收益分布的影响,而不是研究管理者之间的投资策略。

在第二类研究中,Browne(2000)在连续金融时间框架下研究了两个投资者的随机动态博弈行为,两个投资者有不同的投资机会,投资者的回报函数依赖于两个投资者的财富过程,其中一个投资者选择动态投资组合策略来最大化其期望回报，然后另一个投资者同时选择一个动态投资组合策略最小化同样数量的回报。两个投资者之间的博弈为控制漂移与方差的随机微分博弈。他们研究了相对业绩目标及两个投资者的投资业绩差额对双方投资策略的影响，给出了在一般回报率函数下博弈有可行价值的条件、显性表达式及最终的均衡投资组合策略，排除平凡解需要满足非完全的相关性。Browne（2000）应用一般结论来解决很多特殊情况，例如，求解概率最小化博弈，在此博弈中，每个投资者都企图最大化战胜对手的概率。他们也研究了目标函数为最小化或最大化一个投资者的收益超过另一个投资者的收益的期望时间等博弈。他们的研究结论对 Black–Scholes 假设下的风险的市场价格提供了一个新的解释。

Basak 和 Makarov（2014b）通过建立两个风险厌恶的双方都企图战胜对手的管理者之间的动态博弈模型，研究了管理者之间的竞争如何影响他们的交易行为，以及这种影响如何传递给他们的投资者，并且分析了资产专业化与管理者博弈之间的关系。他们对纯纳什均衡下的投资组合选择分析发现，管理者之间的竞争使得风险容忍的管理者减少其投资组合的风险，而风险厌恶的管理者却增加投资组合的风险。风险厌恶越高，管理者投资组合的风险越大，这一结论与没有竞争影响时管理者的风险选择正好相反。Basak 和 Makarov（2014b）研究认为竞争能导致管理者资产选择的专业化，当风险容忍时，管理者自愿选择专业的资产和承担相应的分散化带来的损失，以避免交易相同的股票而导致的竞争。他们还发现，对于投资者来说，其赞成或反对资产专业化的偏好与管理者正好相反，而且，管理者的流动及不符合投资者利益的选股变化会提高投资者的投资成本。

绪 论

在近几年的研究中，研究者们更关心策略互动时机构之间的博弈是否存在均衡。Frei 和 Reis（2011）研究了当管理者互动时金融市场是否存在均衡。他们认为代理人考虑其同行的业绩，在投资约束下，最大化个人效用函数，代理人将会相互破坏，即使不是有目的地这样做，均衡将不存在，如果代理人愿意放弃很少的期望效用函数，则近似均衡能够实现。他们用倒向随机偏微分方程揭示了不存在均衡的数理原因。他们把市场的投资者分为强代理人和弱代理人，当所有的代理人有相同的交易约束或者在模型中有确定性的系数，则能保证均衡的存在。然而，当某些代理人有更多的投资可能性，则他们的交易策略会对弱代理人产生负面影响，则此时只能建立一个弱纳什均衡。他们的研究揭示了金融市场的相对业绩考虑会导致市场的崩溃，但是当强代理人表现出团结，则可以避免这种情况的出现。

在一个连续框架下，Espinosa 和 Touzi（2013）研究了相对业绩考虑下的最优投资问题。他们假设市场有 N 个不同的投资者，投资者之间相互比较，代理人是异质的（如具有不同的效用函数、不同的投资约束集等），不只考虑绝对财富，而且考虑自己财富与投资者平均财富的差额，投资者的目标财富是此两类财富的凸组合。相对财富目标导致投资者之间互动与 N 个投资者的博弈。在完全市场假设和所有投资者具有相同的投资约束集时，在一般效用函数下，Espinosa 和 Touzi（2013）证明了存在唯一纳什均衡。他们也分析了当投资者有不同渠道进入金融市场，如有不同的投资组合约束集时均衡是否存在。假设资产的对数价格服从具有确定的漂移率与波动率的伊藤过程，利用倒向随机偏微分方程 Espinosa 和 Touzi（2013）得出了纳什均衡存在且唯一。

Espinosa 和 Touzi（2013）没有考虑个人的要求，模型中假设资产价格服从确定系数的伊藤过程，这些假设实际上对分析做了简单化处理，在此假设下，Espinosa 和 Touzi（2013）得出了一个存在纳什均衡的非常漂亮的结论，他们并且分析了纳什均衡的形式。在更一般的假设下，他们研究纳什均衡是否存在，并且解释了在不存在纳什均衡的情况下是否存在其他均衡。当所有的代理人面临相同的交易约束时，在一个随机框架下，存在唯一纳什均衡。不同的投资可能性使某个代理人采取具有风险的和有利的交易策略，从而对那些将自己的投资策略基准设定为市场最少约束的投资策略的代理人产生负面影响。当有更多投资可能性的代理人表示出团结并且愿意放弃少部分期望效用，则代理人的破坏可以避免。在这种投资策略下存在近似纳什均衡，即对任意的 $\varepsilon>0$，存在 ε-纳什均衡。在 ε-纳什均衡中，每个代理人采用的投资策略所得的期望效用与最佳策略相比相差 ε。这意味着每个代理人不计较效用函数很小的提高，接受一个很小的偏离最优化投资策略的方案，将能帮助其他代理人避免失败。

为了吸引到更多的资金流入自己管理的基金，管理者之间竞争激烈，这种竞争导致基金经理投资策略互动。Basak 和 Makarov（2014a）研究了在连续时间金融框架下，两个风险厌恶的管理者投资策略互动下动态投资组合选择，发现有三种不同的结果，分别是多策略均衡、纯策略均衡与混合策略均衡。在纯策略均衡中，受追赶和反转（chasing and contrarian）机制的驱使，当某个投资者的业绩领先且他们之间的业绩相近时，为了博弈获胜，他们采取相反的投资策略。Basak 和 Makarov（2014a）认为风险转嫁与投资策略互动导致了不存在均衡与多策略均衡。

他们发现每个管理者的均衡策略依赖于对方的风险态度，对于委托人来说，不但要关心代理人是否按照投资者的利益来交易，而且要了解其竞争对手的特征。

在国内相关研究中，罗琰和杨招军（2010a）研究了基于投资者与自然之间的零和随机微分博弈的最优投资问题。他们假设投资者具有指数效用，自然是博弈的"虚拟"对手，通过求解最优控制问题对应的 HJBI 方程，在完备市场及存在随机收益流的非完备市场模型下，得到了投资者最优投资策略以及最优值函数的闭式解。罗琰和杨招军（2010b）研究了基于随机微分博弈的保险公司最优决策模型。

1.2.5　相对业绩关心下机构竞争与投资组合行为的实证研究

在研究相对业绩关心导致基金管理者投资策略互动时，Brown、Harlow 和 Starks（1996）提出了基金管理者"锦标赛"的概念，在此锦标赛中，基金管理者是竞争者，基于相对排名的资金流入是奖励。自他们提出锦标赛概念后，很多学者从不同角度实证研究了基金的风险承担行为如何对相对业绩排序做出反应。

Brown、Harlow 和 Starks（1996）利用基金月度数据来发现上半年业绩表现较差的基金倾向于在下半年增加基金的投资组合风险，而业绩领先于市场的基金，其行为则正好相反，新基金改变投资组合风险程度的激励超过老基金和过去惨遭重创的基金。Koski 和 Pontiff（1999）利用 Beta、收益率标准差等风险指标所进行的实证检验也得出相同的结论。但是 Busse（2001）却对此持相反的态度，他利用基金日数据而非月数据重复了 Brown、Harlow 和 Starks（1996）的检验，结果并没有发现业绩表现较差的基金倾向于增加基金的投资组合风险，Goriaev、Nijman 和 Werker（2005）也有相似研究。Qiu（2003）研究了相对业绩下管理者的竞争对基金风险承担行为的影响，发现业绩接近于最高业绩的那些基金比最高业绩的基金更倾向于增加基金风险。终止风险（termination risk）对业绩落后的基金风险承担行为是一种约束，赢家拿走所有（winner-take-all）激励基金管理者追求行业的最高业绩。Kempf 和 Ruenzi（2008）研究了基金公司内部各基金管理者之间的竞争，这种竞争一般为了在公司内部获取最好的排名。他们采用美国共同基金的数据发现管理者根据其在公司内部的相对位置而调整基金风险，风险调整的方向依赖于公司内部竞争的形势。那些有很高费用率的基金其风险调整特别显著，这些基金由单个管理者管理，并属于大的基金管理公司。Chen 和 Pennacchi（2009）假设管理者的报酬机构是所管理的基金与其基准组合的相对业绩呈凹函数、线性函数或凸函数，研究基金管理者之间的竞争行为，发现在特别保持结构下，当相对业绩下降时管理者增加其管理的基金的"跟踪误差"的波动率，然而，业绩下降时管理者不一定增加基金收益率的波动率。

在国内的研究中，史晨昱和刘霞（2005）通过比较赢家和输家两组样本在基金排名宣告期前后相对风险的变动量，来检验中国基金经理人风险调整行为的差异。研究结果表明，前期绩效较差的基金会增加本期投资组合的风险，新基金对投资风险的调整程度会比老基金来得大。丁振华（2006）利用我国开放式基金的周收益率数据没有发现年中业绩差的基金下半年增加基金组合的风险。王擎、吴玮和蔡栋梁（2010）研究发现基金评级有助于降低基金投资者选择基金的"搜寻成本"，基金星级的提高增加了基金的资金净流入；明星基金的资金净流入高于明星家族基金与非明星基金，明星家族基金的资金净流入要高于非明星基金；明星基金可以为基金管理公司带来"明星效应"与"溢出效应"；机构投资者持有的基金份额越多，基金吸引的资金净流入也越多。肖峻、石劲（2011）实证发现：基金滞后年度回报率对资金净流量产生显著的正面影响，投资者总体上"追逐业绩"而非"反向选择"，"赎回异象"不过是一种假象。束景虹（2013）研究表明基金经理采取积极投资战略的程度与其面临的竞争压力和激励强度相关，但是与基金经理是否具有择股能力无关。业绩不佳的基金经理为改变排名，会选择更加积极的投资策略，但这些基金经理没有显著的股票选择的能力，积极投资战略不能给投资者带来超额回报率。在合格职业经理人普遍供给不足的情况下，锦标赛竞争不能正向选择基金经理，高激励和强竞争增加了投资者的激励成本和风险。杨坤、曹晖和宋双杰（2013）认为基金经理在中期业绩较好时会倾向于承担风险以成为"明星基金"，而在中期业绩较差时则会通过规避风险以避免"垫底"。路磊、黄京志和吴博（2014）根据历史业绩，把基金分为排名上升和排名下降的基金，发现排名变化与羊群效应变化有着显著的正相关关系。

另外，学者们对相对业绩与资金流动的关系也进行了实证研究。很多文献实证研究发现，相对业绩越好，流入的资金越多。如 Chevalier 和 Ellison（1997）、Sirri 和 Tufano（1998）对共同基金的研究，Gallaher、Kaniel 和 Starks（2006）对共同基金管理公司的研究，Agarwal、Danie 和 Naik（2004），Ding 等（2010）关于对冲基金的研究，均发现这一现象。

1.2.6 机构投资组合行为对资产价格的影响

竞争如何影响机构的投资决策，有很多理论与实证的研究，但是现有文献就机构竞争对资产价格的影响缺少研究，现有文献研究机构投资者对资产价格的影响，但此类研究不是研究机构投资者竞争对价格的影响，而是研究机构投资者的外生基准组合对价格的影响，如管理者的报酬相对于基准指数（benchmark）的相对业绩。因此，机构投资组合行为对资产价格影响的相关研究可以归纳为两类：第一类研究机构投资者的外生基准组合对价格的影响，即基准化方法（benchmarking）；第二类研究管理者之间的竞争对资产价格的影响。

在第一类研究中，Brennan（1993）第一个尝试将机构投资者引入资产定价模型，假设管理者的报酬基于相对业绩，且其效用函数为 CARA 型，通过一个静态的均值—方差模型，他认为如果基准组合是外生给定的（如标准普尔 500 指数），则股票的均衡期望收益与该股票和非基准组合成分股的协方差之间存在线性关系，在定价模型中，只有目标股票和非基准组合成分股的协方差作为定价因素，除非投资者了解期望收益的结构，并且选择了最优基准组合，否则均衡期望收益不是有效的。Gomez 和 Zapatero（2003），Cornell 和 Roll（2005），Brennan、Chent 和 Li（2012）在 Brennan（1993）研究的基础上，假设委托组合投资的管理者的报酬合同为相对业绩合同，研究机构投资对资产价格的影响，发现管理者选择的基准组合是一个很重要的定价因素。Leippold 和 Rohner（2012）将机构投资作为内生变量建模，研究认为机构投资降低了市场的风险升水；当考虑相对业绩时，与基准组合高度相关的股票有更低的收益率，他们的实证研究支持模型预测的结果。

Cuoco 和 Kaniel（2011）研究了机构投资对资产价格的影响，分析了相对业绩合同与资产价格的关系，认为对称合同与基准组合中股票的均衡价格显著负相关，与均衡夏普比率显著负相关，与均衡波动率没有显著的正相关关系。非对称合同使非基准组合中的股票有更高的价格、更大的波动率和更低的夏普比率。与对称合同相比，非对称合同意味着更多的交易，管理者的资产配置战略对相对业绩的变化更敏感。Kaniel 和 Kondor（2013）引入业绩与资金流动的凸关系，分析了管理者关心相对业绩时的资金流动等对资产定价的影响。Basak 和 Pavlova（2013）认为机构投资者关心其相对于某确定指数（如基准组合）的业绩，他们发现机构投资者热衷于提高组合的杠杆，倾向于选择基准组合的成分股，推高了基准组合中股票的价格，同时机构投资者和个人投资者相比对风险资产有更高的需求，这样推高了整个风险资产的价格。机构投资使整个市场的夏普比率出现反周期性，机构投资者交易的股票与基准组合成分股高度相关，产生了资产类效应，机构通过杠杆融资购买指数成分股，Basak 和 Pavlova（2013）的模型对金融危机期间去杠杆化的金融政策提供了理论解释。Buffa、Vayanos 和 Wolley（2014）研究认为因为代理冲突，使得管理者的报酬对投资业绩及基准组合的业绩更敏感，导致管理者不愿意偏离基准指数从而加大价格扭曲，风险和收益负相关。Qiu（2014）研究认为相当业绩导致管理者减少交易，资产价格不能很好地反应信息。Hodor（2014）研究认为基准组合选择影响机构的资产配置与资产价格，当市场风险增加时，机构更倾向于持有基准组合，从而推高了基准组合中的资产价格，夏普比率降低。

在第二类研究中，Kapur 和 Timmerman（2005）通过建立一个静态的均值方差模型研究管理者竞争对均衡价格的影响。在假设管理者的报酬与基金的绝对收益和相对于其竞争对手的收益之间存在线性关系的基础上，他们发现同投资者直接投资相比，机构之间的竞争导致对风险资产的需求大大增加。他们分析有两个主要原因：一是管理者的报酬合同导致了管理者和投资者的风险分担，所以管理者和投资者都愿意承担比单独投资者更大的风险；二是基金管理者比投资者有更多的信息，间接地降低了资产的风险。管理者在资产组合选择时是否存在羊群行为取决于管理者的参与约束是否是紧的。在某些条件下，对管理者的相对业绩评价降低了资产溢价。由于他们的模型是静态的，没有研究相对业绩评价对市场波动的影响。Glebkin 和 Makarov（2012）通过建立一个动态一般均衡模型研究了机构投资者的竞争对市场均衡的影响。多个投资者之间投资策略互动，每个管理者都企图战胜对手以获取更好的投资业绩。他们发现管理者之间竞争越激烈，则市场水平越高，市场的期望收益越低，但市场波动率不受竞争的影响。

另外，在管理者的竞争中，他们实际上关心的是相对业绩或相对财富。在相对财富对资产价格的影响中，Abel（1990），Campbell 和 Cochrane（1999），Chan 和 Kogan（2002），Lauterbach 和 Reisman（2004），Gomez（2007），Gomez、Priestley 和 Zapatero（2009）研究了投资者"赶上琼斯家"（keeping up with the Joneses）对资产价格的影响，投资者关心自己的消费与同伴的过去或现在的消费相比的结果。此类研究在本书建模中可以借鉴。DeMarzo、Kaniel 和 Kremer（2008）利用一个理性一般均衡模型证明了相对业绩关心能够解释金融泡沫。他们建立一个代理人只关心消费的有限期世代交替模型，在此模型中，虽然到期日有限，但未来投机机会的竞争导致代理人的效用依赖于同伙的财富，即关心相对财富。代理人在风险证券的选择上表现出羊群行为，从而降低其期望收益，然而泡沫被吹起，并且导致代理人非常大的损失。相对财富关心使代理人害怕自己的交易背离同伙。徐绪松和陈彦斌（2004）研究了相对财富关心对资产价格的影响。毕先萍、肖争艳和李正友（2004）提出了一个基于相对财富的资产定价模型，其中代表性投资者的效用函数不但依赖于消费，还依赖于投资者的绝对财富及社会平均财富，使用该模型解释了股票溢价之谜。

2 VaR 约束的委托投资组合管理激励契约研究

2.1 引 言

近几十年来，委托投资组合管理业务迅猛发展。投资者之所以把投资决策权委托给专业投资管理者，是因为专业投资管理者有更多技能去搜集、解释和处理有关资产收益和风险的信息。委托投资产生的代理问题使投资者和管理者的利益可能产生冲突，所以从保护自身利益出发，投资者有必要通过契约设计来诱导管理者的投资行为，激励管理者去搜集更多私人信息，减少代理成本。

激励契约是委托投资组合管理研究中的热点问题之一。在投资实务中，基于业绩的线性契约被广泛采用，但其激励效应至今尚在理论研究之中。假设风险资产的收益率服从正态分布，Bhattacharya 和 Pleiderer（1985）开创性地证明了存在甄别管理者类别并能使管理者如实报告其预测能力和私人信息的报酬契约，管理者的报酬为资产收益的二次函数。Stoughton（1993）发现线性报酬不能激励管理者去努力获取私人信息，但该问题可以通过 Bhattacharya 和 Pleiderer（1985）的非线性契约成功克服，对于风险容忍度大的投资者来说，非线性契约是渐近最优的。Gomez 和 Sharma（2006）将卖空限制引入 Stoughton（1993）的模型中，发现在卖空限制下线性契约能对管理者起到激励作用。基于 Stoughton（1993）的研究，盛积良和杨军发现如果管理者具有市场能力，即管理者的资产选择影响市场的均衡价格，线性契约具有激励作用。Palomino 和 Prat（2003）认为当管理者控制资产组合的风险时，在两期框架下最优激励契约为奖金合同（bonus contract），而在多期框架下最优契约为线性的。在基于相对业绩的报酬契约的研究中，Admati 和 Pleiderer（1997）认为将基准组合引入线性契约对管理者没有激励作用，但 Li 和 Tiwari（2009）认为引入基准组合的期权型激励契约能克服线性契约对信息获取投资不足问题；Dybvig 和 Farnsworth（2010）认为在资产选择限制的条件下引入基准组合的线性契约能够激励管理者努力工作。Kyle、Ou-Yang 和 Wei（2010）建立管理者的战略交易模型，发现线性契约可以诱使管理者在信息获取上付出更多努力，这一结论不同于传统的委托组合投资管理中的局部均衡的结论，在局部均衡模型中，管理者的努力与线性契约无关。Ou-Yang（2003）发现动态委托投资组合管理中的最优报酬契约是对称的，即固定报酬再加一个依赖于超基准组合收益的奖金或惩罚。Agarwal 和 Gomez（2007）认为在卖空限制下引入基准组合的相对业绩的线性报酬契约对管理者具有激励作用。

在不同的假设条件下，上述文献对线性契约的激励作用的研究有两种不同的结论，这些研究均没有对管理者资产组合进行风险约束。在委托投资组合管理中，管理者最大化自己的期望效用，管理者对风险的选择可能不同于投资者对风险的选择，出现双方目标的不一致，为了保护自身利益，投资者在设计激励契约时应对管理者资产选择进行风险约束。风险约束改变了管理者的投资行为，如 Jorion（2003）认为总风险约束可以解决委托投资中的代理问题；Alexander 和 Baptista（2008）发现在 TEV 模型中加入 VaR 约束使积极的投资管理者选择更加有效的资产组合。因此，在风险约束下，研究基于业绩的线性契约激励效应更具实践意义。

本书借鉴 Stoughton（1993）的分析框架，将 VaR 约束引入 Stoughton（1993）的委托代理模型，研究基于业绩的线性契约对管理者的激励作用。当投资者将 VaR 约束写入管理者的报酬契约时，线性契约能激励管理者去努力搜集信息。风险厌恶的管理者的期望效用和最优努力水平是其分享比例的增函数，说明线性契约不但可以使风险在投资者和管理者之间进行最优配置，而且可以激励管理者努力工作。进一步研究表明，VaR 约束下的管理者努力的边际成本要小于不存在风险约束时管理者努力的边际成本，风险约束加剧了道德风险问题。本书的研究从一个侧面解释了线性契约在委托投资组合管理实务中被广泛采用的理论原因。

2.2 风险度量方法 VaR

2.2.1 VaR 的定义

VaR（Value at Risk）一般被称为"风险价值"或者"在险

价值",它是指在一定的置信水平下,某一金融资产在未来特定的一段时间内的最大可能损失。根据 Jorion（2007），VaR 代表在一定的投资期内,由于金融市场的正常运转,资产或者资产组合在给定的置信水平下所面临的最大可能损失值。数学表达式为

$$\text{Prob}(\Delta W \leqslant -\text{VaR}_\beta) = 1 - \beta$$

其中,ΔW 为投资主体在投资期内的投资损益,$\Delta W > 0$ 表示收益,$\Delta W < 0$ 表示损失,VaR_β 为置信水平下 β 的最大损失值。

我们可以从统计学角度举例来理解分析 VaR 的概念,假设 JP 摩根公司在 2016 年置信水平为 95% 的日 VaR 为 1000 万美元,其含义指该公司可以以 95% 的把握保证,2016 年某一特定时点上的金融资产在未来 24 小时内,由于市场价格变动带来的资产损失不会超过 1000 万美元。也就是说,2016 年某一特定时点上的金融资产在未来 24 小时内损失 1000 万美元以上的概率只有 5%（见图 2-1）。

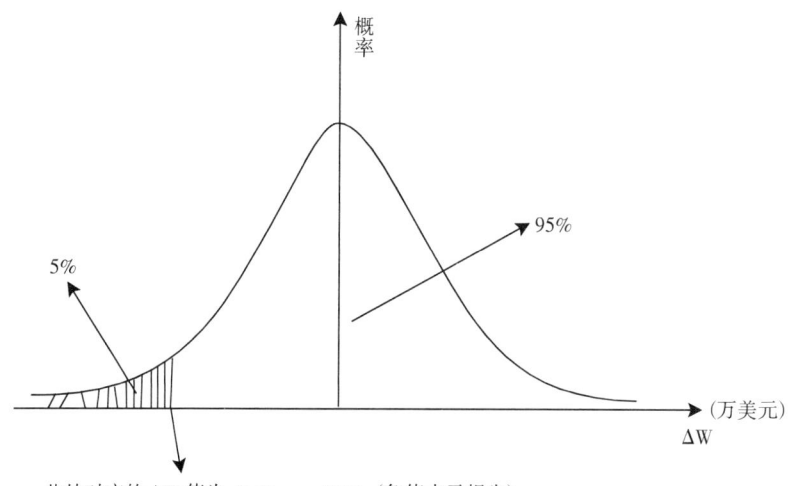

此处对应的 ΔW 值为 $-\text{VaR}_{0.95} = -1000$（负值表示损失）

图 2-1　VaR 风险度量方法图解

2.2.2 VaR 的计算方法

假设某资产组合在投资期内的收益率为 ξ_x，并有 $E(\xi_x)=\mu$，$Var(\xi_x)=\sigma^2$，那么持有到期时，这个起始值为 P_0 的投资组合将获得的价值为 $P=P_0(1+\xi_x)$。同时，假定在置信水平 β 下，最低的投资回报率为 ξ_x^*，所以投资组合的最小价值为 $P^*=P_0(1+\xi_x^*)$。此时定义相对 VaR 和绝对 VaR 如下：

绝对 VaR：$VaR = P_0 - P^* = -P_0 \xi_x^*$

相对 VaR：$VaR = E(P) - P^* = -P_0(\xi_x^* - \mu)$

可以看到，VaR 的计算取决于给定的置信水平下的最小投资收益率 ξ_x^*。如果把资产组合的投资收益率看作随机变量，假设资产组合收益率的分布函数为 $F(X, R)$，则可以在置信水平 β 下，由 $\beta = \int_{\xi_x^*}^{+\infty} dF(X, R)$ 确定 ξ_x^* 的值，最后得到 VaR 的值。

从上面的分析可知，要确定一个投资组合的 VaR 值，四个基本要素是十分重要的，现总结如下：

（1）持有期限。支持期限是指金融头寸的持有时间，是一个与预期收益率波动性关系密切的时间单位。持有期限也是我们在做实证分析时选取的样本数据的频率，我们一般都选取日收益率、周收益率、月收益率或者是年收益率来进行数据分析，这里的日、周、月、年就是持有期限。持有期的选择需要考虑资产流动性和波动性，通常来讲，资产持有期限越长，资产的波动性就越大，对应的 VaR 数值也会越大。资产的流动性越高，就意味着投资者可以很快地调整资产头寸，这时可以选取较小的投资期，资产流动性越低，投资期的选取也应该越长。

（2）观察期间。观察期间是指对给定持有期限的资产回报率的波动性和关联性考察的时间跨度，也是实证分析时历史数据的选取范围。通常来说，为了准确计算 VaR，数据选取的时间跨度越大越好，但是，随着时间跨度的增大，历史数据也很难反映现实情况。

（3）置信水平。置信水平的选取非常重要，置信水平的选择与投资主体的风险厌恶程度有关。风险厌恶程度越高，其选择的置信水平也应该越大。如果置信水平过高，虽然大于 VaR 值的极端事件发生概率会很低，但是样本数据中表示极端事件的数据也会很少，这样就会造成 VaR 值估计不准确。

（4）损益分布。理想情况是我们已经知道资产收益率所服从的分布，通常为方便研究，我们也假定资产收益率服从正态分布。但实际上金融资产的收益常常具有"尖峰厚尾"的特征，所以确定资产收益的分布状况对 VaR 值的确定非常重要。目前，国内外学者通常使用参数法和非参数法来估计 VaR，其中，非参数法包括历史模拟法和蒙特卡洛模拟法等。

2.2.3 VaR 的性质

从 VaR 的定义，我们可以得到 VaR 具有如下性质：

性质 1 平移不变性，即对任意实数 a，都有 $VaR_\beta(x+a) = VaR_\beta(x) + a$。

定义 x 为随机损失，联系 VaR 的定义，我们可以写出以下两个式子：

$$\text{Prob}(x+a > VaR_\beta(x+a)) = 1 - \beta \qquad (2-1)$$

$$\text{Prob}(x > VaR_\beta(x)) = 1 - \beta \qquad (2-2)$$

由式（2-2）变形得

$$\text{Prob}(x+a > VaR_\beta(x) + a) = 1 - \beta \qquad (2-3)$$

联系比较式（2-1）和式（2-3），因为概率分布函数单调不减，所以有 $VaR_\beta(x+a) = VaR_\beta(x) + a$。

性质 2 正齐次性，即对任意实数 w，都有 $VaR_\beta(wx) = wVaR_\beta(x)$。

对于随机损失 x，有：

$$Prob(wx - VaR_\beta(wx)) = 1 - \beta \tag{2-4}$$

$$Prob(x > VaR_\beta(x)) = 1 - \beta \tag{2-5}$$

由式（2-5）得

$$Prob(wx > wVaR_\beta(x)) = 1 - \beta \tag{2-6}$$

联立式（2-4）和式（2-6），由概率分布单调不减得到 $VaR_\beta(wx) = wVaR_\beta(x)$。

性质 3 单调性，即对任意损失 x，y，只要满足 x≥y，就有 $VaR_\beta(x) \geq VaR_\beta(y)$。

证明如下：根据 VaR 定义，对于任意实数和随机损失 x，可以把 VaR 表示成如下集合形式：

$$VaR_\beta(x) = \sup\{u \mid Prob(x \leq u) \leq \beta, u \in R\} \tag{2-7}$$

当 x≥y 时，集合 $\{Prob(y \leq u) \leq \beta, u \in R\}$ 是集合 $\{Prob(x \leq u) \leq \beta, u \in R\}$ 的子集，由此可得 $\sup\{u \mid Prob(x \leq u) \leq \beta, u \in R\} \geq \sup\{u \mid Prob(y \leq u) \leq \beta, u \in R\}$，即 $VaR_\beta(x) \geq VaR_\beta(y)$。

性质 4 $VaR_\beta(x) = -VaR_{1-\beta}(-x)$。

对任意实数 u 及随机损失 x，假设 v = -u，由式（2-7）可得

$$\begin{aligned} VaR_{1-\beta}(-x) &= \sup\{v \mid Prob(-x \leq v) \leq 1-\beta, v \in R\} \\ &= \inf\{u \mid Prob(x \geq u) \leq 1-\beta, u \in R\} \\ &= -\sup\{u \mid Prob(x \leq u) \leq \beta, u \in R\} = -VaR_\beta(x) \end{aligned} \tag{2-8}$$

2.2.4 VaR 方法的优缺点

VaR 作为一种测度风险的方法，它有着自身的一些优势。首先，与传统的压力测试和情景分析相比，VaR 方法提供了预期损失的大小和损失发生的概率水平，所以通过 VaR 方法，我们可以知道损失的规模和可能性。其次，VaR 度量风险的适用面较宽，它可以衡量各种市场风险，包括汇率风险、利率风险以及价格波动风险等，这对于监管者来说非常容易监督，因为只需要 VaR 的数值就可以整体反映某个金融机构的风险。再次，我们可以通过调节置信水平得到不同置信水平下的风险 VaR 值，这为监管层制定不同风险状况下的管理要求提供了方便。最后，VaR 值推断过程合理严密，能够更加准确地反映金融主题所面临的风险状况，比一些主观性较强的风险测量方法更科学。

然而，现代学术研究和实际应用表明，VaR 度量风险也存在着严重的缺陷，主要表现在以下三个方面：

（1）VaR 不满足次可加性，不是一致性风险度量标准。

VaR 不满足次可加性原理，也就是说资产组合的 VaR 值要大于组合中所有资产的 VaR 值之和，这也就意味着风险分散化原理失效。

（2）VaR 标准无法捕捉小概率事件造成的极端损失。

VaR 关注的是市场正常波动下一定置信水平下的最大损失，它实际上是该概率水平下的分位数，所以它完全忽视了市场极端波动或损失超过 VaR 值时的情况，无法捕捉损失的尾部信息，也就无法防范小概率事件或极端波动所带来的损失。

（3）VaR 不具有凸性，求解均值—VaR 模型存在很大困难。

根据 Schied（2002）的定义，风险测度 ρ 的凸性就是意味着

对于任意实数 $0 \leqslant \gamma \leqslant 1$，有 $\rho[\gamma x+(1-\gamma)y] \leqslant \gamma\rho(x)+(1-\gamma)\rho(x)$ 成立，$\gamma = 0.5$ 时正是次可加性的一个特例。VaR 既不满足凸性，也不满足次可加性，这使得以 VaR 值为目标函数的均值—VaR 模型不是凸规划，存在求解上的极大困难。

2.3 条件数学期望

定义 设 (X, Y) 为二维连续性随机变量，称

$$E(X|Y) = \int_{-\infty}^{+\infty} x f_{X|Y}(x|y) dx$$

在已知 $Y = y$ 的条件下，随机变量 X 的条件数学期望，称

$$E(X|Y) = \int_{-\infty}^{+\infty} y f_{Y|X}(y|x) dx$$

在已知 $X = x$ 的条件下，随机变量 Y 的条件数学期望。其中 $f_{X|Y}$ 和 $f_{Y|X}$ 为条件密度函数，且上两式右端的积分要求绝对收敛。

定理 1 设 $g(x)$ 为连续函数，如果

$$\int_{-\infty}^{+\infty} |g(x)| f_{X|Y}(x|y) dx < +\infty$$

则

$$E[g(X)|Y=y] = \int_{-\infty}^{+\infty} g(x) f_{X|Y}(x|y) dx$$

其中，$E[g(X)|Y=y]$ 为随机变量函数 $g(X)$ 在条件 $Y=y$ 下的条件数学期望。同样可以得到 $X=x$ 的条件下，随机变量函数 $g(Y)$ 的条件数学期望。（证明略）

定理 2 设 (X，Y) 为二维连续性随机变量，$g(X, Y)$ 为

二维随机变量 (X, Y) 的函数，且 g(X, Y) 为连续函数，数学期望 $E[g(X, Y)|Y=y]$ 和 $E[g(X, Y)]$ 都存在，则有

$$E\{E[g(X, Y)|Y=y]\} = E[g(X, Y)]$$

证明：

$$E\{E[g(X, Y)|Y=y]\} = \int_{-\infty}^{+\infty} E[g(X, Y)|Y=y] f_Y(y) dy$$

$$= \int_{-\infty}^{+\infty} \left[\int_{-\infty}^{+\infty} g(x, y) f_{X|Y}(x|y) dx\right] f_Y(y) dy$$

$$= \int_{-\infty}^{+\infty} \left[\int_{-\infty}^{+\infty} g(x, y) f(x, y) dxdy\right] = E[g(X, Y)]$$

定理 3 假设 (X, Y) 为服从正态分布的二维连续性随机变量，则有

$$E(X|Y=y) = E(X) + \frac{Cov(X, Y)}{Var(Y)}(y - E(Y))$$

$$Var(X|Y=y) = Var(X) - \frac{(Cov(X, Y))^2}{Var(Y)}$$

证明： 假设随机变量 $(X, Y) \sim N(\mu_1, \sigma_1^2; \mu_2, \sigma_2^2, \rho)$，即 $E(X) = \mu_1$，$Var(X) = \sigma_1^2$，$E(Y) = \mu_2$，$Var(Y) = \sigma_2^2$，$Cov(X, Y) = \rho\sigma_1\sigma_2$，则有

$$f(x, y) = \frac{1}{2\pi\sigma_1\sigma_2\sqrt{1-\rho^2}} \exp\left\{-\frac{1}{2(1-\rho^2)}\left[\frac{(x-\mu_1)^2}{\sigma_1^2} - 2\rho\frac{(x-\mu_1)(y-\mu_2)}{\sigma_1\sigma_2} + \frac{(y-\mu_2)^2}{\sigma_2^2}\right]\right\}$$

其中 $(x, y) \in R^2$

$$f_Y(y) = \frac{1}{\sqrt{2}\sigma_2} \exp\left\{\frac{(y-\mu_2)^2}{\sigma_2^2}\right\}, \quad y \in (-\infty, +\infty)$$

已知 Y=y 的条件下，随机变量 X 的条件概率密度为：

$$f_{X|Y}(x|y) = \frac{f(x, y)}{f_Y(y)} = \frac{1}{\sqrt{2\pi(1-\rho^2)}\sigma_2} \exp\left\{-\frac{1}{2(1-\rho^2)\sigma_1^2}\right.$$

$$[x-(\mu_1+\frac{\rho\sigma_1}{\sigma_2}(y-\mu_2))]^2\}$$

条件数学期望：

$$E(X|Y=y) = \int_{-\infty}^{+\infty} x f_{X|Y}(x|y) dx = \mu_1 + \frac{\rho\sigma_1}{\sigma_2}(y-\mu_2)$$

即有：

$$E(X|Y) = E(X) + \frac{Cov(X,Y)}{Var(Y)}(y-E(Y))$$

条件方差为：

$$Var(X|Y=y) = \int_{-\infty}^{+\infty} x^2 f_{X|Y}(x|y) dx - [E(X|Y=y)]^2 = (1-\rho^2)\sigma_1^2$$

即有：

$$Var(X|Y) = Var(X) - \frac{(Cov(X,Y))^2}{Var(Y)}$$

证毕

2.4 相关假设

假设 1 在一个经济体中有两个代表性的代理人，一个投资者和一个管理者，他们交易两种资产，一种风险资产和一种无风险资产，无风险资产的收益率假设为零。当管理者获得风险资产的私人信息时，风险资产的收益为 $\tilde{y}=\tilde{x}+\tilde{z}$，$\tilde{z}$ 为噪声项，其中 $\tilde{x}$ 与 $\tilde{z}$ 不相关。假设 $\tilde{x}$ 服从标准正态分布，即 $\tilde{x} \sim N(0,1)$[①]，$\tilde{z}$ 服

[①] 将风险资产的期望收益设定为某个不为 0 的常数，不改变本书的结论。

从正态分布 $\tilde{z} \sim N(0, \sigma_z^2)$，$\sigma_z^2 < \infty$。$\sigma_z^2$ 越大说明管理者的信息越不准确，即管理者付出的努力越低。假设 ρ 表示管理者的努力水平，为了反映管理者的努力程度，我们假设 $\sigma_z^2 = \rho^{-1}$，此时管理者的信息精度为 $\frac{\rho}{1+\rho}$，信息精度是管理者努力水平的递增凹函数。当管理者获得私人信息后，即 $\tilde{y}=y$，管理者根据该信息由贝叶斯法则修正风险资产收益的分布，由定理3得到此时风险资产的条件均值和条件方差分别为：$E(\tilde{x}|y) = \frac{\rho}{1+\rho}y$，$Var(\tilde{x}|y) = \frac{1}{1+\rho}$，即风险资产的条件分布为：$\tilde{x}|y \sim N\left(\frac{\rho}{1+\rho}y, \frac{1}{1+\rho}\right)$。管理者为资产价格的接受者（price taker），即管理者的资产选择不会影响市场的均衡价格，假设管理者资产组合中，风险资产和无风险资产的持有比例分别为 $\theta(y)$ 和 $1-\theta(y)$。

假设 2 投资者把资产的投资决策权委托给管理者，同时向管理者提供一个基于投资业绩的线性契约 $\beta_0 + \beta\widetilde{W}$，其中 β_0，$\beta>0$ 为投资者提供契约时设置的参数，$\widetilde{W} = \theta(y)\tilde{x}$ 表示期末管理者资产组合的投资收益，初始投资额假设为1单位。

假设 3 参考 Stoughton（1993）的研究，假设管理者的努力成本为 $V(r, \rho)$，其中 r 为管理者的绝对风险厌恶系数，且 $V'_\rho(r, \rho) > 0$，$V''_{\rho\rho}(r, \rho) \geq 0$，$V(r, 0) = 0$，$V'_r(r, \rho) \geq 0$。$V(r, \rho)$ 可以理解为努力的负效用，在努力程度相同时，r 越大，因努力产生的负效用越大。

假设 4 根据 Gomez 和 Sharma（2006）的研究，为了保证管理者最优努力的存在，假设 $\frac{V''_{\rho\rho}(r, \rho)\rho}{V'_\rho(r, \rho)} > \frac{\rho}{1+\rho}$，即管理者努力的边际成本必须递增足够快，管理者的信息精度存在上界。

假设 5 管理者具有常绝对风险厌恶（CARA）型效用函数，即当管理者的绝对风险厌恶系数为 r 时管理者的效用函数为：

$$U_A(\widetilde{W}_A) = -\exp\{-r\widetilde{W}_A + V(r, \rho)\} \tag{2-9}$$

其中，$\widetilde{W}_A = \beta_0 + \beta\theta(y)\tilde{x}$，表示管理者的期末财富，管理者没有初始财富，其所有财富来自其管理报酬收益。

2.5 不存在风险约束时管理者最优努力水平

为了比较风险约束对基于业绩的报酬契约激励效应的影响，我们参考 Stoughton（1993）、Gomez 和 Sharma（2006）的研究，分析管理者的资产选择不存在风险约束时管理者的效用函数和最优努力水平。在上述假设下，投资者的最优决策模型为：

$$\max_{\beta_0, \beta} E[U_B(\widetilde{W}_B)]$$

使得满足：

$$\widetilde{W}_A = \beta_0 + \beta\widetilde{W} \tag{2-10}$$

$$\widetilde{W}_B = \widetilde{W} - (\beta_0 + \beta\widetilde{W}) \tag{2-11}$$

$$\widetilde{W} = \theta(y)\tilde{x} \tag{2-12}$$

$$\theta(y) \in \arg\max\ E[U_A(\widetilde{W}_A)|\tilde{y} = y] \tag{2-13}$$

$$\rho \in \arg\max\ E[U_A(\widetilde{W}_A)] \tag{2-14}$$

$$E[U_A(\widetilde{W}_A)] \geq 1 \tag{2-15}$$

其中，$E[U_B(\widetilde{W}_B)]$ 为投资者的期望效用，式（2-10）和式

(2-11) 分别表示管理者和投资者的财富，式（2-12）为管理者资产组合的收益，$\theta(y)$ 为管理者资产组合中风险资产的比例，式（2-13）为管理者的最优资产选择，式（2-14）和式（2-15）分别为激励相容约束和参与约束，不失一般性，管理者保留效用设为-1。

管理者付出努力水平 ρ，获得私人信息 $\tilde{y}=y$，此时管理者的最优化问题为：

$$\max_\theta E\left[-\exp\{-r(\beta_0+\beta\theta\tilde{x})+V(r,\rho)\}\big|\tilde{y}=y\right]$$

其中，θ 为决策变量，该最优问题的确定性等价问题为：

$$\max_\theta \beta\theta\frac{\rho}{1+\rho}y - V(r,\rho) - \frac{r}{2}(\beta\theta)^2\frac{1}{1+\rho}$$

一阶条件为：

$$\frac{\rho}{1+\rho}y - r\theta\frac{\beta}{1+\rho} = 0$$

管理者的最优风险资产选择为：

$$\theta(y) = \frac{\rho}{r\beta}y$$

为了求解管理者的最优努力水平，我们需要计算管理者的期望效用函数。由式（2-9）得管理者的条件期望效用为：

$$E[U_A(\widetilde{W}_A)|\tilde{y}=y]=\exp\left\{-\frac{\rho^2}{2(1+\rho)}y^2\right\}\exp\{-r\beta_0+V(r,\rho)\}$$

根据定理2计算得管理者的无条件期望效用为：

$$E[U_A(\widetilde{W}_A)] = \frac{-1}{\sqrt{1+\rho}}\exp\{-r\beta_0+V(r,\rho)\} \tag{2-16}$$

式（2-16）表明管理者的期望效用与收益分享比例 β 无关。将式（2-16）关于努力水平 ρ 求导得管理者的最优努力水平的一阶条件为：

$$V'_\rho(r, \rho) = \frac{1}{2(1+\rho)} \qquad (2-17)$$

式（2-17）表明管理者的努力水平是其风险厌恶系数 r 的函数，而与收益分享比例 β 无关，即不存在风险约束时，β 的边际效用为 0，线性契约没有激励作用的结论。

2.6 存在 VaR 约束时管理者效用函数

根据 2.2 节关于 VaR 的定义，VaR 的含义是"处于风险中的价值"，是指在市场正常波动下，某资产组合的最大损失。更为确切的是指在一定置信水平下，某资产组合在未来特定的一段时间内的最大可能损失，可以表示为：

$$\text{Prob}(\Delta L \leq -\text{VaR}) = 1 - \alpha$$

其中，ΔL 为投资组合在持有期 Δt 内的损失；VaR 为置信水平 α 下处于风险中的价值。在委托组合投资管理中，由于 VaR 很好地度量了投资者关心的下跌风险（downside risk），因此从 20 世纪 90 年代开始，VaR 逐渐成为投资者对管理者进行风险约束最常用的风险度量工具。

假设资产组合的收益率服从均值为 μ、标准差为 σ 的正态分布，则置信水平为 α 时 VaR 值计算公式为：

$$\text{VaR} = Z_\alpha \sigma - \mu$$

其中，Z_α 是在置信水平为 α 时的标准正态分布的分位数。

假设投资者对管理者资产组合的风险约束为 $\text{VaR} \leq V_0$，其中 V_0 为某一给定的值，则管理者资产选择的风险约束为：

$$Z_\alpha \sigma - \mu \leq V_0$$

管理者如果接受委托投资合同，付出努力水平 ρ，获得私人信息 $\tilde{y}=y$，管理者资产组合中风险资产的最优持有比例为 θ，则此时管理者资产组合收益的均值为 $\frac{\theta\rho}{1+\rho}y$，标准差为 $|\theta|\frac{1}{\sqrt{1+\rho}}$，管理者资产选择的 VaR 约束为：

$$Z_\alpha \sigma - \mu = Z_\alpha |\theta| \frac{1}{\sqrt{1+\rho}} - \frac{\theta\rho}{1+\rho}y \leq V_0 \qquad (2-18)$$

根据 Hull（2008）的研究，资产组合收益率的均值比其标准差要小得多，在计算某资产组合的 VaR 值一般假设收益率的均值为 0。在式（2-18）中，因为 $\tilde{y} \sim N(0, 1+\rho^{-1})$，则 VaR 约束为：

$$Z_\alpha |\theta| \frac{1}{\sqrt{1+\rho}} \leq V_0 \qquad (2-19)$$

令 $V_\alpha = V_0/Z$，则式（2-19）等价于

$$\begin{cases} \theta + V_\alpha \sqrt{1+\rho} \geq 0 \\ \theta - V_\alpha \sqrt{1+\rho} \leq 0 \end{cases} \qquad (2-20)$$

将 VaR 约束加入上述投资者的最优决策模型，此时管理者最优资产选择式（2-13）为：

$$\theta(y) = \arg\max E[U_A(\widetilde{W}_A) | \tilde{y}=y] \qquad (2-21)$$

使得式（2-21）满足：

$$\begin{cases} \theta + V_\alpha \sqrt{1+\rho} \geq 0 \\ \theta - V_\alpha \sqrt{1+\rho} \leq 0 \end{cases}$$

假设 $\lambda_1 \geq 0$ 和 $\lambda_2 \geq 0$ 分别为式（2-20）相应的拉格朗日乘子，构造拉格朗日函数

$$L(\theta; \lambda_1, \lambda_2) = \beta\theta\frac{\rho}{1+\rho}y - \frac{r}{2}(\beta\theta)^2\frac{1}{1+\rho} + \lambda_1(\theta + V_\alpha\sqrt{1+\rho})$$
$$- \lambda_2(\theta - V_\alpha\sqrt{1+\rho}) \qquad (2-22)$$

则由 Kuhn-Tucker 条件可知，在最优点有 $\lambda_1(\theta+V_\alpha\sqrt{1+\rho})=0$ 和 $\lambda_2(\theta-V_\alpha\sqrt{1+\rho})=0$。在条件 $\tilde{y}=y$ 下，管理者最优资产模型式（2-22）有三种可能的解。

（Ⅰ）当 $\lambda_1\neq 0$，$\lambda_2=0$ 时，即资产选择的上界不受约束，此时

$$\frac{\partial L}{\partial \theta}=\beta\frac{\rho}{1+\rho}y-r\theta\beta^2\frac{1}{1+\rho}\lambda_1=0 \tag{2-23}$$

$$\frac{\partial L}{\partial \lambda_1}=\theta+V_\alpha\sqrt{1+\rho}=0 \tag{2-24}$$

解式（2-23）和式（2-24），并且记 $l=\frac{\sqrt{1+\rho}}{\rho}$ 得

$$\lambda_1=-\frac{\rho\beta}{1+\rho}(y+V_\alpha r\beta l),\quad \theta=-V_\alpha\sqrt{1+\rho}$$

（Ⅱ）当 $\lambda_1=0$，$\lambda_2\neq 0$ 时，即资产选择的下界不受约束，类似地可以解得

$$\lambda_2=\frac{\rho\beta}{1+\rho}(y-V_\alpha r\beta l),\quad \theta=V_\alpha\sqrt{1+\rho}$$

（Ⅲ）当 $\lambda_1=0$ 且 $\lambda_2=0$ 时，即资产选择不受 VaR 约束时，$\theta=\frac{\rho}{r\beta}y$。

将最优资产选择 θ 表示为私人信息 y 的函数，注意到 $\lambda_1=-\frac{\rho\beta}{1+\rho}(y+V_\alpha r\beta l)\geqslant 0$ 等价于 $y\leqslant -V_\alpha r\beta l$，$\lambda_2=-\frac{\rho\beta}{1+\rho}(y-V_\alpha r\beta l)\geqslant 0$ 等价于 $y\geqslant V_\alpha r\beta l$，我们有

$$\theta(y)=\begin{cases}-V_\alpha\sqrt{1+\rho}, & y<-V_\alpha r\beta l\\ \dfrac{\rho y}{r\beta}, & |y|\leqslant V_\alpha r\beta l\\ V_\alpha\sqrt{1+\rho}, & y>V_\alpha r\beta l\end{cases} \tag{2-25}$$

根据条件分布 $\tilde{x}|y\sim N\left(\dfrac{\rho}{1+\rho}y,\dfrac{1}{1+\rho}\right)$，当 $y<-V_\alpha r\beta l$ 时，

$$E[U_a(\widetilde{W}_a|y)] = -\exp(-r\beta_0 + V(a, \rho))\exp\left\{-\frac{1}{1}V_\alpha r\beta(y - \frac{V_\alpha r\beta l}{2})\right\}$$

类似地计算得到 $|y| \leq V_\alpha r\beta l$ 及 $y > V_\alpha r\beta l$ 时管理者的条件期望效用，即有：

$$E[U_A(\widetilde{W}_A|y)] = -\exp\{-r\beta_0 + V(r, \rho)\} \times$$

$$\begin{cases} \exp\left\{-\frac{1}{1}V_\alpha r\beta(y + \frac{V_\alpha r\beta l}{2})\right\}, & y < -V_\alpha r\beta l \\ \exp\left\{-\frac{\rho^2}{2(1+\rho)}y^2\right\}, & |y| \leq V_\alpha r\beta l \quad (2-26) \\ \exp\left\{-\frac{1}{1}V_\alpha r\beta(y - \frac{V_\alpha r\beta l}{2})\right\}, & y > V_\alpha r\beta l \end{cases}$$

为了计算管理者的无条件期望效用，并且讨论期望效用值与收益分享比例 β 之间的关系，我们引入自由度为 1 的 χ^2 分布，其概率分布函数为 $\Phi(x) = \int_0^x \phi(t)dt$，密度函数

$$\phi(t) = \begin{cases} \frac{1}{\sqrt{2\pi}}t^{-1/2}e^{-t/2}, & t > 0 \\ 0, & \text{其他} \end{cases}$$

根据 $\tilde{y} \sim N(0, 1+\rho^{-1})$，并且令 $k = V_\alpha^2 r^2 \beta^2$，由式（2-26）得管理者的无条件期望效用为：

$$E[U_A(\widetilde{W}_A)] = -\exp\{-r\beta_0 + V(r, \rho)\} \times h(\rho|\beta) \quad (2-27)$$

其中，

$$h(\rho|\beta) = \frac{1}{\sqrt{1+\rho}}\Phi\left[\frac{k(1+\rho)}{\rho}\right] + \exp\left\{\frac{k(1+\rho)}{2}\right\}\left\{1 - \Phi\left[\frac{k(1+\rho)^2}{\rho}\right]\right\}$$

$$(2-28)$$

$h(\rho|\beta)$ 表示式（2-28）右边是 ρ，β 的函数，且 ρ 是 β 的函数。当 VaR 约束 $V_\alpha \to +\infty$ 或管理者的风险厌恶系数 $r \to +\infty$ 时，$h(\rho|\beta) \to \frac{1}{\sqrt{1+\rho}}$，无风险约束时管理者的期望效用是式（2-27）

的极限形式。

对式（2-27）关于收益分享比例 β 求导，注意到

$$\frac{1}{\sqrt{1+\rho}}\varphi\left[\frac{k(1+\rho)}{\rho}\right] = \exp\left\{\frac{k(1+\rho)}{2}\right\}\varphi\left[\frac{k(1+\rho)^2}{\rho}\right]$$

直接计算得

$$\frac{\partial}{\partial \beta}h(\rho|\beta) = -2V_\alpha^2 r^2(1+\rho)\beta\left\{\phi\left[\frac{k(1+\rho)^2}{\rho}\right] + \frac{1}{2}\left(1-\Phi\left[\frac{k(1+\rho)^2}{\rho}\right]\right)\right\}$$
$$\exp\left\{\frac{k(1+\rho)}{2}\right\}$$

又因为，当 $0 < x < +\infty$ 时，有 $\Phi(x) - \frac{1}{2}(1-\Phi(x)) = \frac{1}{2}\int_x^{+\infty}\frac{1}{\sqrt{2\pi}}e^{-t/2}t^{-3/2}dt > 0$，则当 $x = \frac{k(1+\rho)^2}{\rho}$ 时，

$$\Phi\left[\frac{k(1+\rho)^2}{\rho}\right] - \frac{1}{2}\left(1-\Phi\left[\frac{k(1+\rho)^2}{\rho}\right]\right) > 0 \tag{2-29}$$

根据式（2-29）有

$$\frac{\partial}{\partial \beta}h(\rho|\beta) < 0$$

最后由式（2-27）和式（2-29）得

$$\frac{\partial}{\partial \beta}(E[U_A(\widetilde{W}_A)]) > 0 \tag{2-30}$$

于是我们得到结论 1。

结论 1 在 VaR 约束下管理者的期望效用是收益分享比例 β 的增函数。

结论 1 说明风险约束改变了收益分享比例与管理者效用的关系。当 $|y| \leq V_\alpha r\beta l$ 时，管理者的最优资产选择不受风险约束的影响，此时 β 的边际效用为零，最优努力水平与契约无关。然而，当 $|y| > V_\alpha r\beta l$ 时，管理者希望在投资组合中持有或卖空的风险资产超过风险约束的限制，显然，收益风险比例 β 或管理

者的风险厌恶系数 r 增加时，风险约束对管理者投资组合的影响减少。当 $V_\alpha \to +\infty$ 时，风险约束对管理者的约束消失，$h(\rho|\beta) \to \dfrac{1}{\sqrt{1+\rho}}$。

2.7 VaR 约束对线性契约激励的影响

接下来，我们进一步研究在 VaR 约束下，管理者的努力水平。对式（2-20）关于努力水平 ρ 求导得

$$\frac{\partial}{\partial \rho} h(\rho|\beta) = -\frac{1}{2}\left(\frac{1}{1+\rho}\right)^{3/2} \Phi\left[\frac{k(1+\rho)}{\rho}\right] - k\exp\left\{\frac{k(1+\rho)}{2}\right\}$$

$$\left\{\Phi\left[\frac{k(1+\rho)^2}{\rho}\right] - \frac{1}{2}\left(1 - \Phi\left[\frac{k(1+\rho)^2}{\rho}\right]\right)\right\}$$

(2-31)

由式（2-29）得

$$\frac{\partial}{\partial \rho} h(\rho|\beta) < 0 \tag{2-32}$$

根据管理者的期望效用式（2-32），管理者选择最优努力水平的等价目标函数为：

$$\max_{\rho}\ -\exp\{V(r,\rho)\} h(\rho|\beta) \tag{2-33}$$

由最优化问题的一阶条件得

$$V'_\rho(r,\rho) = \frac{h'_\rho(\rho|\beta)}{h(\rho|\beta)} \tag{2-34}$$

式（2-34）说明管理者的最优努力水平 ρ 是其收益分享比例 β 的函数。当 VaR 约束 $V_\alpha \to +\infty$ 或管理者的风险厌恶系数 $r \to +\infty$ 时，$\dfrac{\partial}{\partial \rho} h(\rho|\beta) \to \dfrac{1}{2}(1+\rho)^{-\frac{3}{2}}$，$V'_\rho(r,\rho) \to \dfrac{1}{2(1+\rho)}$，即式

(2-17) 是式 (2-34) 的极限。在式 (2-17) 中，当管理者的资产选择不受约束时，$V'_\rho(r, \rho)$ 与收益分享比例 β 无关。

为了分析 VaR 约束对管理者努力水平的影响，我们比较在 VaR 约束下的管理者努力的边际成本与不存在风险约束时管理者努力的边际成本的变化，由式 (2-17) 和式 (2-34) 得

$$-\frac{h'_\rho(\rho|\beta)}{h(\rho|\beta)} - \frac{1}{2(1+\rho)} = \frac{\exp\left\{\frac{k(1+\rho)}{2}\right\} G(k, \rho)}{\left(\frac{1}{1+\rho}\right)^{1/2} \Phi\left[\frac{k(1+\rho)}{2}\right] + \exp\left\{\frac{k(1+\rho)}{2}\right\}\left(1 - \Phi\left[\frac{k(1+\rho)^2}{\rho}\right]\right)} \tag{2-35}$$

其中，

$$G(k, \rho) = k\left(\Phi\left[\frac{k(1+\rho)^2}{\rho}\right] - \frac{1}{2}\left(1 - \Phi\left[\frac{k(1+\rho)^2}{\rho}\right]\right)\right) - \frac{1}{2(1+\rho)}\left(1 - \Phi\left[\frac{k(1+\rho)^2}{\rho}\right]\right)$$

根据自由度为 1 的 χ^2 分布的概率分布函数和密度函数直接计算得

$$G(k, \rho) = \int_{\frac{k(1+\rho)^2}{\rho}}^{+\infty} \frac{1}{\sqrt{2\pi}} e^{-t/2} t^{-1/2} \left[\frac{k}{2} \frac{1}{t} - \frac{1}{2(1+\rho)}\right] dt$$

注意到 $t \in \left[\frac{k(1+\rho)^2}{\rho}, +\infty\right)$，所以有 $\frac{k}{2}\frac{1}{t} - \frac{1}{2(1+\rho)} \leqslant -\frac{1}{2(1+\rho)^2} < 0$，在定积分 $G(k, \rho)$ 中，被积函数小于 0，所以 $G(k, \rho) < 0$，则

$$-\frac{h'_\rho(\rho|\beta)}{h'(\rho|\beta)} - \frac{1}{2(1+\rho)} < 0 \tag{2-36}$$

式 (2-36) 说明 VaR 约束下管理者努力的边际成本小于不存在风险约束时管理者努力的边际成本。根据上述分析，我们

有如下结论：

结论 2 在 VaR 约束下，管理者努力的边际成本是收益分享比例的函数，即线性契约可以影响管理者的努力水平，并且 VaR 约束下的管理者的努力水平小于不存在 VaR 约束时管理者的努力水平。

对结论 2 的一个合理解释是，因为由式（2-26）可知，在 VaR 约束下，存在某一概率，管理者不能根据私人信息来构造最优资产组合，管理者对此约束的反应是降低努力水平，避免出现私人信息的浪费。这一结论表明，风险约束加剧了投资者和管理者之间的道德风险问题。

接下来进一步分析管理者的努力水平 ρ 和收益分享比例 β 的关系。ρ 与 β 满足式（2-34）所确定的隐函数，将式（2-34）两边关于 β 求导并整理得：

$$\frac{\partial \rho}{\partial \beta} = -\frac{V'_\rho(r,\rho)\frac{\partial h}{\partial \beta} + \frac{\partial}{\partial \beta}\left(\frac{\partial h}{\partial \rho}\right)}{V''_{\rho\rho}(r,\rho)h(\rho) + V'_\rho(r,\rho)\frac{\partial h}{\partial \rho} + \frac{\partial^2 h}{\partial \rho^2}} \qquad (2-37)$$

很遗憾，用解析方法判断 $\dfrac{\partial^2 h}{\partial \rho^2}$ 和 $\dfrac{\partial}{\partial \beta}\left(\dfrac{\partial h}{\partial \rho}\right)$ 的符号，计算非常复杂烦琐，我们用 Matlab 软件进行数值分析，参数的取值参考 Hull（2008），分析结果如图 2-2 和图 2-3 所示。

由图 2-2 和图 2-3 可知 $\dfrac{\partial h}{\partial \rho}$ 是管理者努力水平的增函数，即 $\dfrac{\partial^2 h}{\partial \rho^2} > 0$，$\dfrac{\partial h}{\partial \rho}$ 是合同系数 β 的减函数，即 $\dfrac{\partial}{\partial \beta}\left(\dfrac{\partial h}{\partial \rho}\right) < 0$。由 $\dfrac{\partial h}{\partial \rho} < 0$，得

$$V'_\rho(r,\rho)\frac{\partial h}{\partial \beta} + \frac{\partial}{\partial \beta}\left(\frac{\partial h}{\partial \rho}\right) < 0 \qquad (2-38)$$

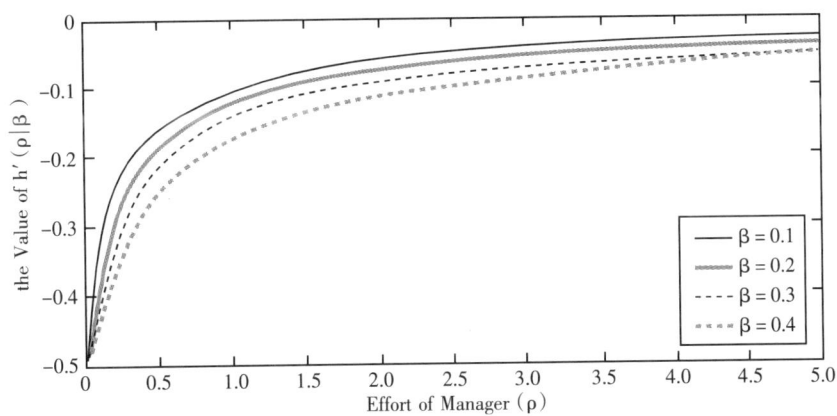

图 2-2 $h'_\rho(\rho|\beta)$ 与努力水平 ρ 的关系，其中 $V_\alpha = 0.02$，$r = 0.1$

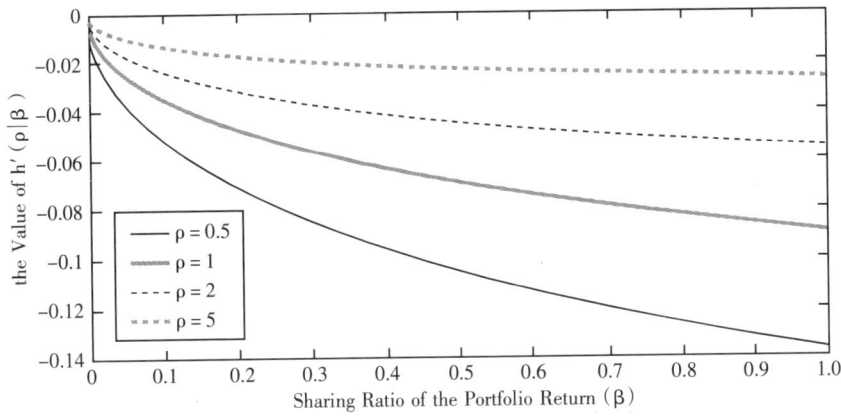

图 2-3 $h'_\rho(\rho|\beta)$ 与合同系数 β 的关系，其中 $V_\alpha = 0.02$，$r = 0.1$

在式 (2-38) 中，记 $\dfrac{\partial h}{\partial \beta} = h'_\rho(\rho|\beta)$，$\dfrac{\partial^2 h}{\partial \rho^2} = h''_{\rho\rho}(\rho, \beta)$，则分式的分母可以表示为：

$$h(\rho|\beta)\left[V''_{\rho\rho}(r, \rho) + V'_\rho(r, \rho)\dfrac{h'_\rho(\rho|\beta)}{h(\rho|\beta)} + \dfrac{h''_{\rho\rho}(\rho|\beta)}{h(\rho|\beta)}\right] \qquad (2\text{-}39)$$

根据假设 4，有 $V''_{\rho\rho}(r, \rho) + V'_\rho(r, \rho)\dfrac{h'_\rho(\rho|\beta)}{h(\rho|\beta)} > 0$，从而由式 (2-39) 得 $\dfrac{\partial \rho}{\partial \beta} > 0$，于是得出结论 3。

结论 3　在 VaR 约束下，管理者的努力水平是收益分享 β 的增函数，线性契约可以激励管理者努力工作。

结论 3 表明在 VaR 约束下，线性契约不但可以在投资者和管理者之间进行风险分担，而且可以激励管理者努力工作，该结论不同于 Stoughton（1993）、Admati 和 Pleiderer（1997）的结论。结论 2 表明在 VaR 约束下，管理者的努力水平虽然降低了，但提高收益分享比例，即加强对管理者的激励，管理者将获取更多信息，提高信息精度。信息精度越高，管理者资产组合的方差越小，VaR 约束对资产配置的影响越小，管理者在资产选择时有更大的自由度，即扩大了资产选择集，管理者更能充分利用其私人信息，因此提高管理者的收益分享比例，可以激励管理者去努力获取更多私人信息。

2.8　本章小结

本章假设将 VaR 约束引入委托组合投资管理激励契约中，通过建模和数值分析研究线性契约的激励效应。在 VaR 约束下，提高收益分享比例，扩大了管理者的资产选择对象集，从而部分降低了风险约束对私人信息的利用和资产选择的限制。风险厌恶的管理者的期望效用和最优努力水平是其风险分享比例的增函数，说明线性契约不但可以使风险在投资者和管理者之间进行最优分担，而且可以激励管理者努力获取私人信息并提高管理者的福利。VaR 约束下的管理者的努力水平低于不存在 VaR 约束下的努力水平，这一结论表明，VaR 约束虽然可以约束管理者的风险选择行为，但不能提高管理者的努力水平，加剧了道德风险问题。

本章仅限于从理论上研究在 VaR 约束下线性契约的激励作用，研究结论从一个侧面解释了委托投资组合管理实务中线性契约被广泛采用的原因，该结论也可用于我国私募基金的风险管理。本研究没有考虑相对业绩导致的资金流动对契约激励作用的影响，这将是有待继续研究的问题之一。

3 基金绩效评价

3.1 基金绩效评价方法

3.1.1 基于资本资产定价模型理论的单因子基金绩效评价方法

1952年马柯维茨（Markowitz）提出了以均值方差法为基础的投资组合理论。他假定投资组合中有 n 种证券，并以 A_1，A_2，A_3，…，A_n 代表不同的证券投资组合，$p=(x_1, x_2, …, x_n)$ 表示将资金分别以权数 x_1，x_2，x_3，…，x_n（权数可以为负值，权数为负值表示卖空证券占总资金的比例）投资于证券 A_1，A_2，A_3，…，A_n，预期收益率表示为 $r_i(i=1, 2, …, n)$，协方差表示为 $cov(r_i, r_j)$，$(i, j=1, 2, …, n)$，如果用 σ_p^2 表示投资组合 p 的收益率方差，ρ_{ij} 表示预期收益率 r_i 与 r_j 的相关系数，则预期收益率与方差分别可表示为式（3-1）和式（3-2）。

$$E(r_p) = \sum_{i=1}^{n} x_i E(r_i) \quad (3-1)$$

$$\sigma_p^2 = \sum_{i=1}^{n}\sum_{j=1}^{n} x_i x_j \text{cov}(r_i, r_j) = \sum_{i=1}^{n}\sum_{j=1}^{n} x_i x_j \sigma_i \sigma_j \rho_{ij} \tag{3-2}$$

表3-1 字母含义说明表

序号	字母	含义说明
1	$E(r_p)$	投资组合的预期收益率
2	$E(r_m)$	市场组合的预期收益率
3	σ_p	投资组合收益率的标准差
4	σ_m	市场组合收益率的标准差
5	r_f	市场无风险收益率
6	r_i	投资组合实际收益率
7	r_m	市场基准组合的实际收益率
8	β_i	投资组合的系统风险值

1964年马科维茨的学生夏普同其他三位金融学家一起在马科维茨的证券组合理论基础上发展出了资本资产定价模型（Capital Asset Pricing Model，CAPM），该模型研究了证券组合预期收益率与组合风险之间关系的经济本质，CAPM模型可用式（3-3）表示。

$$E(r_p) = r_f + \frac{E(r_m) - r_f}{\sigma_m} \sigma_p \tag{3-3}$$

当市场处于均衡状态时每个市场投资者均存在一致的有效投资前沿面（呈现向左上方凸出形态），在CAPM模型中用资本市场线（CML）与投资有效前沿面的交点表示有效的市场投资组合，如图3-1所示。

为了解决CML曲线不能描绘任意投资组合下收益与风险之间的关系，研究者提出了证券市场线（Securities Market Line，SML），如图3-2所示。SML曲线有效地刻画了任意投资组合下投资收益与风险之间的均衡关系，其数学形式可用式（3-4）表示。

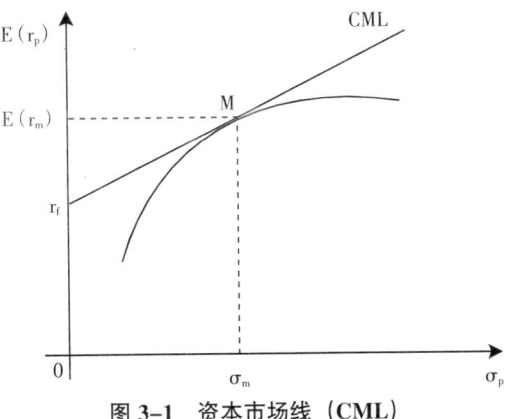

图 3-1 资本市场线（CML）

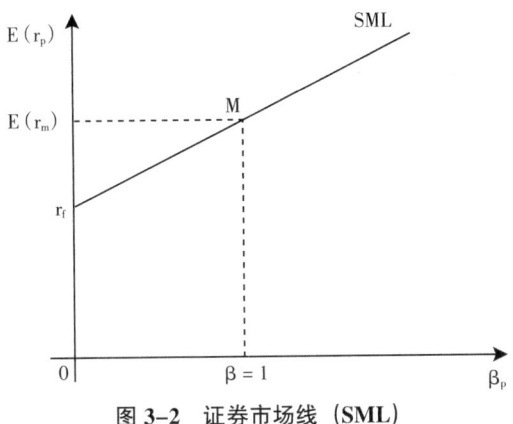

图 3-2 证券市场线（SML）

$$E(r_p) = r_f + [E(r_m) - r_f]\beta_p \tag{3-4}$$

随着均值方差理论和资本资产定价模型的提出，三位著名金融学家分别提出了风险调整型基金绩效的指标，即特雷诺指数（1965）、夏普指数（1966）和詹森指数（1969），这三大指数在绩效理论上和实践应用上均意义重大。此外，还有一部分学者提出了改进型的绩效指标，如索提诺（Sortino）比率、信息比率（IR）和 M^2 测度等方法，本书着重介绍下文中将要用于模型投入变量的指数或比率。

(1)特雷诺(Treynor)指数。

1965年特雷诺提出了一个经过风险调整的绩效指标,该指标用超额收益(即组合收益率与无风险收益率之差)除以组合的风险值(β系数)得到,其中β系数作为衡量系统风险的指标,其表达式可表示为式(3-5)。

$$T_i = \frac{r_i - r_f}{\beta_i} \quad (3-5)$$

(2)夏普(Sharpe)指数。

1966年夏普提出了新的基金绩效指标,与之前的特雷诺指数的不同之处在于,夏普指数不仅权衡了组合的系统风险,也权衡了组合的非系统风险,夏普在指数中用组合收益率标准差度量组合的风险,其表达式可表示为式(3-6)。

$$S_i = \frac{r_i - r_f}{\sigma_i} \quad (3-6)$$

(3)詹森(Jensen)指数。

1969年詹森又提出了一个新的基金绩效指标,这个指标的核心思想是度量组合实际收益率与预期收益率之间的差额,其表达式如式(3-7)所示,根据公式可知,詹森指数越大表示组合的收益率与预期收益率差额越大,绩效就越好。

$$r_{it} - r_{ft} = \alpha_i + \beta_i(r_{mt} - r_{ft}) + \varepsilon_t \quad (3-7)$$

(4)索提诺(Sortino)比率。

索提诺将下行波动率概念引入到绩效指标之中,并用 dr_i 表示投资组合的下方标准差。在计算标准差时不采用均值,而是采用一个设定的可接受最低收益率 r_{mar},可以用式(3-8)来表示索提诺比率的计算形式。

$$SR_i = \frac{r_i - r_{mar}}{dr_i} \quad (3-8)$$

（5）信息比率（IR）。

如果用 r_m 和 r_i 分别表示业绩基准的平均收益率和基金组合的投资收益率，用 σ_{im} 表示基金组合的跟踪误差，可以将信息比率（IR）表示为式（3-9）的形式，从公式可以看出，信息比率是权衡单位跟踪误差下的超额收益率。

$$IR_t = \frac{r_i - r_m}{\sigma_{im}} \quad (3-9)$$

（6）M^2 测度。

1997 年诺贝尔经济学奖得主莫迪利安尼在夏普比率的基础上进行风险改进得到了 M^2 测度，这是对夏普比率的一种精细化改进。莫迪利安尼认为在投资组合与基准组合风险存在差距的条件下对比收益状况不合理，因此他将投资组合的风险进行调整，即将基准组合风险值（σ_m）除以投资组合风险值（σ_i），再将投资组合与基准组合的收益进行对比研究，可用式（3-10）表示。

$$M^2 = \left[r_f + (r_i - r_f)\frac{\sigma_m}{\sigma_i}\right] - r_m \quad (3-10)$$

在基金绩效评价领域，特雷诺、夏普和詹森三大经典指数在实践中应用最广，一方面由于这三大指数相较于绝对收益的绩效评价指数更为合理科学，另一方面相较于其他复杂的绩效模型这三大指数计算较为简单，综合这两个方面的原因，它们在实际的基金市场中被广泛应用。从理论上来讲，这三大绩效指数也是存在一些不足之处的，如它们的理论来源均是 CAPM 模型，而从目前理论界的认识来看，CAPM 模型的假设并不能很好地解释实现基金市场，因此这就成为三大指数共同的缺陷，尽管存在种种不足之处，但是作为兼具计算便捷和风险调整的经典指标，它们仍然在现实基金市场发挥着重要的作用。鉴于三大指标存在的缺陷，为了建立更加科学的绩效模型，许多学者都对原有的理论和模型进行了改进。

3.1.2 基于基金经理人的择时与选股能力的基金业绩评价方法

对于基金的收益，进而基金的绩效而言，基金管理人的运营能力起到至关重要的作用，因此对基金管理人运营能力进行有效的量化研究就显得尤为重要，只有将基金管理人能力科学客观的量化出来，才能将基金绩效科学地表示出来。美国金融学家特雷诺和玛泽率先开始这方面研究工作，他们将基金管理人的能力归纳为选股能力和择时能力两方面，通过数理建模他们得到了能够很好地量化分析基金管理人选股择时能力的模型（T-M模型），之后在这个模型的基础上，1981年亨里克森和莫顿发展出更为简化的量化模型，即H-M模型。

（1）T-M模型。

1966年特雷诺和玛泽提出以选股能力和择时能力来测度基金管理人运营基金的能力，在模型中他们引入二项式模型，形成了测度基金管理人运营能力的经典模型（T-M模型），表示成方程形式为式（3-11），式中的α_i测度的是选股能力，β_{i2}测度的是择时能力。

$$r_{it} - r_{ft} = \alpha_i + \beta_{i1}(r_{mt} - r_{ft}) + \beta_{i2}(r_{mt} - r_{ft})^2 + \varepsilon_{it} \quad (3-11)$$

（2）H-M模型。

1981年亨里克森和莫顿在T-M模型基础上加以改进得到了H-M模型，亨里克森和莫顿认为T-M模型中的二次项形式不能准确地测度出基金管理人的选股和择时能力，他们提出在模型中引入一个虚拟标量（D），用以拟合不同的市场运行状态，这样即可在动态的市场运行条件下更好地测度基金管理人的选股择时能力，模型的表达形式如式（3-12）所示。

$$r_{it} - r_{ft} = \alpha_i + \beta_{i1}(r_{mt} - r_{ft}) + \beta_{i2}(r_{mt} - r_{ft}) \times D + \varepsilon_{it} \qquad (3-12)$$

（3）C-L 模型。

1984年卢埃林等认为可以将市场分为两种形态（即多头市场和空头市场）来研究基金管理人的选股择时能力，在不同的市场形态下他们用两个 β（模型中 β_1 和 β_2 分别是多头市场和空头市场所对应的 β 值）来对基金经理的市场时机选择能力进行度量，从而提出了著名的双 β 模型，即 C-L 模型。

$$r_{it} - r_{ft} = \alpha_i + \beta_{i1} \cdot \max(r_{mt} - r_{ft}, 0) + \beta_{i2} \cdot \min(r_{mt} - r_{ft}, 0) + \varepsilon_{it}$$
$$(3-13)$$

式（3-13）中，α_i 的意义与上述两个模型一致，表示基金管理人的选股能力；β_{i1} 为市场处于多头市场时基金的 β 值，β_{i2} 为市场处于空头市场时基金的 β 值。根据 $\beta_{i1} - \beta_{i2}$ 的值可以测度出基金经理的择时能力大小，若 $\beta_{i1} - \beta_{i2} > 0$ 则表示基金经理具备择时能力。

3.1.3 基于套利定价理论的多因素基金业绩评价方法

从马柯维茨1952年提出均值方差模型，到夏普等提出 CPAM 模型，金融学家在资产定价方面的认识在不断地加深，20世纪70年代中期，在资产定价领域又有了一大理论突破，金融学家罗斯提出了他的套利定价理论（APT），在此理论中罗斯成功地解释了投资组合收益率在共同影响因素作用下表现为收益状态不相同的原因之所在，而这正是以往资产定价理论所不能很好地解决的问题。之前的 CAPM 理论建立在理想的假设条件之上，罗斯将假设条件进行放松，进而发展出更加完善的资产定价理论，从而为更好地解释实现市场的运行提供了理论基础。随着金融定价理论的不断发展，在套利定价模型的基础上，金融学家法玛尔和卡哈特分别发展出三因子模型和四因子模型，相较于单因子模型，多因子模型因为将影响投资组合收益的更多因素纳入到模型之中，所以能够更加全面地对目标投资组合进行收益评价。由于在多因子模型中 Fama-French 三因子和 Carhart 四因子是比较典型的模型，因此本书着重阐述这两个模型。

（1）Fama-French 三因子模型。

1992 年法玛尔和弗伦奇在实证研究后发现影响基金投资组合收益的三大重要因素，这三大重要因素能够很好地解释基金投资组合的超额收益率来源，基于此他们提出了著名的 Fama-French 三因子模型，这是多因子模型理论的重要创新，对深化超额收益率来源的认识有重要作用，可以更好地从三大因素出发对基金组合进行操作，从而有效地获取更多的超额收益。其中三大因子为超额收益因子、规模因子（SMB_t）和价值因子（HML_t），可以用式（3-14）来表示 Fama-French 三因子模型。

$$r_{it} - r_{ft} = \alpha_i + \beta_{i1}(r_{mt} - r_{ft}) + \beta_{i2} SMB_t + \beta_{i3} HML_t + \varepsilon_{it} \qquad (3-14)$$

（2）Carhart 四因子模型。

1995 年卡哈特在 Fama-French 三因子模型基础上，在模型中引入了动量效应的因子（MOM_t）来刻画证券收益率的态势变量，弥补了 Fama-French 三因子模型无法解释收益率动量现象的不足之处，在四因子模型中风险因子、规模因子（SMB_t）、价值因子（HML_t）与动量因子被用以综合评价基金的绩效，可以用式（3-15）表示四因子模型。

$$r_{it} - r_{ft} = \alpha_i + \beta_{i1}(r_{mt} - r_{ft}) + \beta_{i2} SMB_t + \beta_{i3} HML_t + \beta_{i4} MOM_t + \varepsilon_{it}$$

$$(3-15)$$

3.2 综合绩效评价模型

3.2.1 超效率 DEA 模型

1978 年三位运筹学家在理论上构建出了新的绩效分析模型，即数据包络分析（Data Envelopment Analysis，DEA），此模型能够科学地对决策单元进行绩效分析，所以此模型能够被迅速引入到管理学、经济学等对绩效研究需求较高的学科领域，并形成典型的 DEA 模型形式：规模报酬不变的 CCR 模型、规模报酬可变的 BCC 模型。随着管理科学的不断发展，DEA 模型也衍生出许多形式，但这些模型的核心思想是一致的，因此我们可以用一个统一的形式表示出来，即综合 DEA 形式，本书将阐述这种模型形式。

假定综合 DEA 模型中存在 n 个决策单元 DMU，若用投入向量 X 和产出向量 Y 表示模型的投入产出，令投入向量为 $X_j = (X_{1j}, X_{2j}, \cdots, X_{mj})^T$，产出向量为 $Y_j = (Y_{1j}, Y_{2j}, \cdots, Y_{sj})^T$，向量中 m 和 s 分别表示投入指标和产出指标个数，j 表示不同的决策单元。假定 v_i 为第 i 种投入的权值，u_r 为第 r 种产出的权值，再令 $t = 1/v^T X_{j0}$，$\omega = tv$，$\mu = tu$，则模型的线性、对偶规划的数学形式分别可以表示为式（3-16）和式（3-17）。

线性规划：(P^I)
$$\begin{cases} \max (\mu^T Y_{j0} + \delta_1 \mu_0) = V_P^I \\ \omega^T X_j - \mu^T Y_j - \sigma_1 \mu_0 \geq 0, \ j = 1, 2, \cdots, n \\ \omega^T X_{j0} = 1 \\ \omega \geq 0, \ \mu \geq 0, \ \delta_1 \delta_2 (-1)^{\delta_3} \mu_0 \leq 0 \end{cases} \quad (3-16)$$

对偶规划：(D^I) $\begin{cases} \min \quad \theta = V_D^I \\ \sum_{j=1}^n X_j \lambda_j \leqslant \theta X_{j0} \\ \sum_{j=1}^n Y_j \lambda_j \geqslant Y_{j0} \\ \delta_1 (\sum_{j=1}^n \lambda_j + \delta_2 (-1)^{\delta_3} \lambda_{n+1}) = \delta_1 \\ \lambda_j \geqslant 0, \; j = 1, 2, \cdots, n, n+1 \end{cases}$ (3-17)

若在式（3-17）中引入松弛变量 S^- 和剩余变量 S^+，则其可演变为式（3-18）形式。

$(D^I)'$ $\begin{cases} \min \quad \theta \\ \sum_{j=1}^n X_j \lambda_j + S^- \leqslant \theta X_{j0} \\ \sum_{j=1}^n Y_j \lambda_j - S^+ = Y_{j0} \\ \delta_1 (\sum_{j=1}^n \lambda_j + \delta_2 (-1)^{\delta_3} \lambda_{n+1}) = \delta_1 \\ \lambda_j \geqslant 0, \; j = 1, 2, \cdots, n, n+1, \; S^- \geqslant 0, \; S^+ \geqslant 0 \end{cases}$ (3-18)

$T = \left\{ (X, Y) \; \middle| \; \sum_{j=1}^n X_j \lambda_j \leqslant X, \sum_{j=1}^n X_j \lambda_j \geqslant Y, \delta_1 (\sum_{j=1}^n \lambda_j + \delta_2 (-1)^{\delta_3} \lambda_{n+1}), \lambda_j \geqslant 0, j = 1, 2, \cdots, n, n+1 \right\}$

(3-19)

（1）当 $\delta_1 = 0$ 时，(P^I)、(D^I) 为面向输入的 CCR 模型。

（2）当 $\delta_1 = 1$，$\delta_2 = 1$ 时，(P^I)、(D^I) 为面向输入的 BCC 模型。

（3）当 $\delta_1 = 1$，$\delta_2 = 1$，$\delta_3 = 0$ 时，(P^I)、(D^I) 为面向输入的 FG 模型。

（4）当 $\delta_1 = 1$，$\delta_2 = 1$，$\delta_3 = 1$ 时，(P^I)、(D^I) 为面向输入的 ST 模型。

若上述等价对偶规划式的最优解为 λ^0，S^{-0}，S^{+0}，θ^0，则效率判断标准可以表示成如下形式：

(1) 若 $\theta^0 < 1$,则决策单元 DEA 无效。

(2) 若 $\theta^0 = 1$ 且 $e^\tau S^{-0} + e^\tau S^{+0} > 0$,则决策单元为弱 DEA 有效。

(3) 若 $\theta^0 = 1$ 且 $e^\tau S^{-0} + e^\tau S^{+0} = 0$,则决策单元为 DEA 有效。

1993 年安德森和彼得森为了改进以往传统 DEA 模型在对有效决策单元(效率值为 1 的决策单元)排名上存在缺陷的问题,提出了新的衍化 DEA 模型,此模型能够将有效决策单元进行有效的排序,称之为"超效率"(Super-Radial)模型。此模型的核心思想是首先提取出有效的决策单元,再将这些有效的决策单元进行效率比较,从而得到新的排序结果,其线性规划式和对偶规划式可以表示成式(3-20)和式(3-21)的形式。

线性模型:(D_{SR})
$$\begin{cases} \max(\mu^T Y_{j0} + \delta_1 \mu_0) \\ \omega^T X_j - \mu^T Y_j - \delta_1 \mu_0 \geq 0, \quad j=1,2,\cdots,n(j \neq j_0) \\ \omega^T X_{j0} = 1 \\ \omega \geq 0, \mu \geq 0, \delta_1 \delta_2 (-1)^{\delta_3} \mu_0 \leq 0 \end{cases}$$
(3-20)

对偶模型:$(D_{SR})'$
$$\begin{cases} \min \quad \theta \\ \sum_{j=1}^n X_j \lambda_j + S^- \leq \theta X_{j0} \\ j \neq j_0 \\ \sum_{j=1}^n Y_j \lambda_j - S^+ = Y_{j0} \\ j \neq j_0 \\ \delta_1 (\sum_{j=1}^n \lambda_j + \delta_2 (-1)^{\delta_3} \lambda_{n+1}) = \delta_1 \\ j \neq j_0 \\ S^- \geq 0, S^+ \geq 0 \\ \lambda_j \geq 0, j=1,2,\cdots,n,n+1 \end{cases}$$
(3-21)

式(3-20)和式(3-21)将超效率 DEA 模型的理论基础表示了出来,为了进一步解释超效率 DEA 模型的思想,可以通过超效率 DEA 模型评估原理图来说明此原理，如图 3-3 所示。图 3-3 中的横纵坐标分别表示两种投入指标，第一象限中的五个点分别代表五个决策单元，在图 3-3 中 OC_0/OC 可以表示 C 点的超效率值，可以看出从原有的有效前沿到新的有效前沿，决策单元的投入减少，效率值增大，这样就可以对原来不能进行排序的有效单元进行有效排序了。

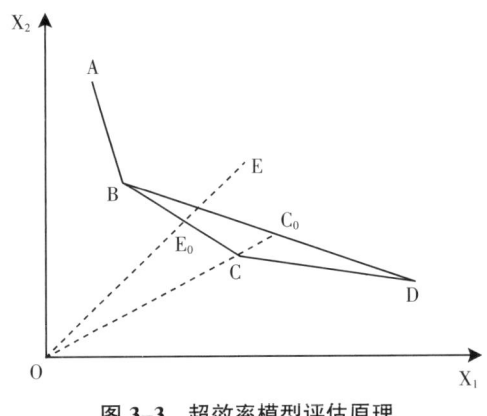

图 3-3 超效率模型评估原理

在效率分析方面，DEA 模型中存在两个典型的模型分析形式，即规模报酬不变（Constant Returns-to-Scale，CRS）的分析模型和规模报酬可变的分析模型（Variant Returns-to-Scale，VRS），这两个分析模型所测度的效率值含义不同，前者测度的是决策单元的总技术效率，后者测度的是剔除了规模效率（SE）之后的纯技术效率（PTE），两者之间的关系可以用公式 TE=SE×PTE 表示，在图 3-4 中就描绘出了三者之间的关系。

通过技术效应分解图能够将技术效率（TE）、纯技术效率（PTE）和规模效率（SE）三者之间的关系（即三者之间存在 TE = PTE × SE 的关系）描绘出来，如图 3-4 所示，若决策单元处于 D 点，那么 PTE 可表示为 AC/AD 的形式，其 SE 可表示为 AB/AC 的形式。

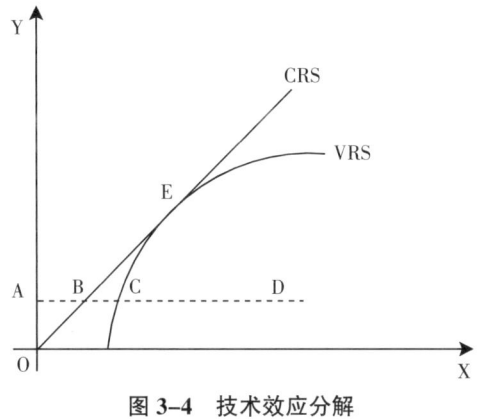

图 3-4　技术效应分解

3.2.2　VaR 风险测度模型

风险管理一直是金融领域的核心工作，准确测度风险是进行有效风险管理的基础。国际银行业为了进行科学的风险管理，提出了新的风险测度方法，即 VaR 方法，此方法的核心思想是根据组合收益的历史波动情况去计算未来的风险值，在此过程中要假定收益波动服从某一分布，还要假定一个置信区间（在此概率下的最大损失值），因此 VaR 的计算公式可以表示为 prob（$\Delta P \leqslant VaR$）= C 形式。从 VaR 方法的核心思想可知，VaR 的计算与三个因素密切相关，即收益率波动的分布、置信区间和考察区间。在 VaR 的计算研究领域，有很多不同的理论，包括参数法和非参数法，前者是基于收益率服从某种分布来计算的，后者则是没有这样的约束，主要通过数据模拟实现 VaR 值的计算，如蒙特卡洛法等。

尽管计算 VaR 值的方法有多种，但是每一种计算方法都有其特定的假设条件和适用范围，同时不同的计算方法也可能存在不同的问题，如数据的整理难度、计算时编程难度等。结合各种计算方法的特点和本书实证数据的特点，本书选取参数法对实证中样本基金的 VaR 数值进行计算。参数法计算 VaR 的值，首先需要确定三个参数：时间区间、置信区间和收益率分布。假定收益率分布是计算 VaR 值的基础，此计算方法的核心思想就是通过历史数据来构造投资组合价值变化的概率分布。此外，也需要根据基金特性和管理人要求来确定时间区间和置信水平。在确定这三个重要因素之后，即可进行 VaR 值的计算。

传统的风险测度模型中，一般假定收益率波动方差是独立同分布的，这是一种理想化的假定，这和市场实际运行的情况并不相符，在这样的假设条件下测度的风险显然是不准确的。为了有效解决这个问题，1982 年恩格尔提出了自回归条件异方差模型（ARCH），此模型的提出有力地推动了风险测度模型的发展。在 ARCH 模型基础上，又有学者发展出 GARCH 模型、E-GARCH 模型等其他衍化模型，GARCH 模型可用以下三个公式表示出来。

$$r_t = \mu + \varepsilon_t \tag{3-22}$$

$$\varepsilon_t = \sqrt{h_t} \cdot v_t \tag{3-23}$$

$$h_t = \alpha_0 + \sum_{i=1}^{q} \alpha_i \varepsilon_{t-i}^2 + \sum_{j=1}^{p} \theta_j h_{t-j} \tag{3-24}$$

式（3-22）和式（3-24）分别被称为均值方程和方差方程，式中 r_t 表示收益率，h_t 表示 ε_t 在时刻 t 的条件方差，如果给定 ε_{t-1}^2，ε_{t-2}^2，$\cdots$，ε_{t-p}^2 的数值，则 $h_t = E(\varepsilon_t | \varepsilon_{t-1}^2, \varepsilon_{t-2}^2, \cdots, \varepsilon_{t-p}^2)$，其中，$v_t$ 为独立同分布的随机变量，h_t 与 v_t 互相独立，且参数满足以下条件。

$$E(v_t) = 0, \ D(v_t) = 1; \ E(v_t v_s) = 0 \ (t \neq s); \ \alpha_0 > 0, \ \alpha_i \geq 0,$$

$$\theta_j \geq 0, \ \sum_{i=1}^{q} \alpha_i + \sum_{j=1}^{p} \theta_j < 1 \tag{3-25}$$

许多学者在对我国基金市场中样本基金进行绩效研究时发现，基金的收益率大多具有尖峰、厚尾的特征，因此一般的正态分布不能很好地拟合这种特性，可能会低估 VaR 值，不能全面准确地测度基金的风险。为了更准确地拟合收益率的分布，本书在 VaR 测度模型中引入广义误差分布（GED）来拟合收益率的分布，以解决组合收益率具有"尖峰厚尾"性的问题。

广义误差分布其密度函数形式如下：

$$f(x,v) = \frac{v}{2^{\frac{v+1}{v}} \Gamma(1/v) \lambda} e^{-\frac{1}{2} \left| \frac{x}{\lambda} \right|^v}, \quad 0 < v \leq \infty, \quad \lambda = \sqrt{\frac{2^{-\frac{2}{v}} \Gamma\left(\frac{1}{v}\right)}{\Gamma\left(\frac{3}{v}\right)}}$$

(3-26)

在式（3-26）中，v 表示"厚尾参数"，通过改变 v 的值可以拟合不同的厚尾程度（可通过与正太分布相比较判别不同的厚尾程度），当取 v < 2 时，其尾部比正太分布更厚；当 v = 2 且 λ = 1 时有 GED 分布，即为标准正态分布；当取时 v > 2 时，其尾部比正态更薄。

在假定以广义误差分布（GED）来拟合收益率的分布条件下，VaR 的计算公式可以表示为式（3-27）的形式。

$$VaR_t = -\mu + \sigma_t F_v^{-1}(\alpha) \tag{3-27}$$

在式（3-27）中，$F_v^{-1}(\alpha)$ 表示广义误差分布（GED）的分布函数。

假定扰动项 ε_t 服从自由度为 v 的一般化误差分布，再令 v < 1，由于 v 的下限值为 0，则无条件方差将不存在，其对数似然函数可表示为式（3-28）。

$$L(\theta) = \sum_{t=1}^{N} \left[\log(v) - \log(\lambda) - \frac{1}{2} \left| \frac{\varepsilon_t}{\lambda} \right|^v - \frac{v+1}{v} \log(2) - \log\left(\frac{1}{v}\right) - \frac{1}{2} \log \sigma_t^2 \right]$$

(3-28)

在式（3-28）的基础上采用最大似然法可估计得到式（3-27）中所需参数。

3.2.3 因子分析模型

在多元统计分析中，因子分析法是重要的一种。因子分析法是一种有效的数据处理方法，它可以对数据进行预处理，从而得到简化后的数据，这样可以大大提升数据的利用效率。因子分析法的核心思想是利用各个指标数据之间存在的内部联系，构造出一个能够包含原有指标主要信息的新指标，利用这种方法可以将复杂众多的指标转化为简便精练的少数指标，应用于 DEA 模型投入和产出指标的处理，可以增加 DEA 模型的绩效精确性，因此本书将因子分析法与 DEA 模型相结合，构建新的 DEA 绩效模型。因子分析法的构建过程主要有四个步骤，即初始模型、因子旋转、因子得分和综合评价模型四步。

（1）初始因子模型。

若设 F_i 表示公共因子，a_{im} 表示因子载荷，$X_i(i=1,2,3\cdots,p)$ 为 p 个变量，则初始因子模型可表示为式（3-29）的形式。

$$X_i = \alpha_{i1}F_1 + \alpha_{i2}F_2 + \alpha_{i3}F_3 + \cdots + \alpha_{im}F_m + \varepsilon_i \ (m \leqslant p) \tag{3-29}$$

（2）因子旋转。

因子旋转可以得出指标的主因子，并且得到这些因子实际意义，经过因子旋转后的模型可表示为式（3-30）的形式，式中 b_i 代表旋转后的因子载荷。

$$X_i = b_{i1}F_1 + b_{i2}F_2 + \cdots + b_{im}F_m + \varepsilon_i \ (m \leqslant p) \tag{3-30}$$

（3）因子得分。

因子得分模型可表示为式（3-31）的形式。

$$F_i = \beta_{i1} X_1 + \beta_{i2} X_2 + \beta_{i3} X_3 + \cdots + \beta_{ip} X_p \tag{3-31}$$

通过此模型可以计算出各个公共因子的得分。

（4）综合评价模型。

综合评价模型可表示为式（3-32）的形式。

$$W_i = \lambda_{i1} F_1 + \lambda_{i2} F_2 + \lambda_{i3} F_3 + \cdots + \lambda_{im} F_m \tag{3-32}$$

式（3-33）中 λ_i 代表权数，通过此模型可以计算出综合得分。

3.2.4 VaR+因子分析+超效率DEA模型

"VaR+因子分析+超效率DEA"模型改进了传统绩效方法的几个不足之处。首先，对于缺乏 VaR 风险度量的 DEA 模型，其在风险指标数据的精确性上就存在不足，应用 VaR 模型进行风险测度能够大大提升风险测度的精确性，为 DEA 模型的有效运用提供了基础。其次，对于缺乏因子分析法的 DEA 绩效模型，其选取投入产出指标时存在一定的局限性，应用因子分析能够使得指标选取更加全面，同时经过因子分析法处理的指标数据也更能符合 DEA 模型的数据要求。最后，对于非超效率 DEA 模型，其在样本绩效结果相对有效的决策单元的分析上存在缺陷，模型不能进行有效的排序，从而使得绩效不充分，超效率 DEA 模型就弥补了这方面的缺陷，使得绩效更加全面准确。

3.3 实证模型指标体系的设计

3.3.1 模型指标设计原则

DEA 模型在效率评价上的应用广泛，被应用于许多领域的效率评价研究。在此模型的应用上，投入产出指标的选取是一个关键环节，指标数据的可得性和数据的标准化都是必须考虑的问题。鉴于目前关于影响基金绩效的因素（指标）非常之多，难以全部纳入模型之中。因此，在充分研究了国内外关于 DEA 模型应用于基金绩效的文献以及结合本书研究的现实需要和可行性基础上，总结得出以下四条指标选取原则。

（1）客观性原则。

客观性原则是指在选取实证指标的过程中，要做到客观公正，不能带有主观意志地选取投入产出指标，在基于客观事实和大量数据的基础上，充分检验样本数据，从而得出较为客观公正的指标体系。

（2）全面性原则。

全面性原则是指在实证过程中，所选取的指标要能够充分刻画所研究样本基金的实际绩效情况，不能有所偏颇或侧重，一方面要充分描述基金的收益情况，另一方面也要充分描述基金的风险承担情况，使得指标体系更加全面合理。

（3）独立性原则。

独立性原则是指对于研究所选取的指标，各投入指标之间不能存在较强的相关关系，投入产出指标之间也不能存在较强的相关关系。在所选取的指标体系之中，要有明确的指标分类，为更好地解释基金的绩效来源提供便利。

（4）科学性原则。

科学性原则是指对于所选取的指标要能够被数量化表示，存在精确有效的数据来源。对于 DEA 模型所要求的投入产出数据要求，要能够统一预先处理。例如，负值处理要求和指标数量要求等。

3.3.2 模型投入指标设计

根据以上叙述的指标选取原则并结合大量学者的实证研究结果，本书将基金绩效的投入指标划分为风险测度指标、风险收益测度指标、选股择时测度指标、成本费用测度指标和基金结构测度指标五大类共 10 个投入指标。

（1）基金风险测度指标。

为了更加客观准确地测度基金组合的风险，在原有测度基金系统风险指标 β 值基础上，本书引入样本基金的 VaR 值来测度基金的非系统风险状况，力求更加全面、客观和科学地将基金所面临的风险测度出来。

（2）风险收益测度指标。

从投入产出的理念来看，基金风险即是投资者为了取得基金投资收益所进行的投入，在理想的状态之下，一般而言风险与收益成正比。如何准确科学地刻画基金的风险，对于基金绩效至关重要，本书借鉴前人在风险调整收益指标上的研究成果，同时考虑市场认可度和数据可得性，选取三大经典指标作为模型的风险收益测度指标。

(3)选股择时测度指标。

基金管理人的选股择时能力是影响基金绩效的重要因素，基金管理人出色的选股能力表现为可以识别市场价格与其实际估值之间存在背离的股票，从而进行有效的交易。而具有择时能力的基金经理能够准确地预测市场运行的方向，从而准确判断出交易的最佳时机。本书采用 T-M 模型和 H-M 模型的 α 值和 β 值来测度基金经理的选股能力和择时能力。

(4)成本费用测度指标。

对于基金管理人而言，他们的收入主要来自两个方面，投资者购买基金和进行交易时所付的费用，还有一部分就是基金业绩的提成。因此，一只业绩表现良好的基金必然不需要高额的交易费用来维持其运行，对于业绩不佳的基金其对交易费用的依赖度显然更高。基于以上论述，认为将基金费用纳入指标体系以考察基金的绩效情况是合理的。

$$单位资产费用率 = \frac{基金营运费用}{基金总份额}$$

(5)基金结构测度指标。

基金结构测度指标是指基金管理人在选择基金投资对象时一些特定的投资模式，本书采用基金股票投资中的股票集中度和行业集中度来描述基金管理人的持股特征，基金组合的股票集中度和行业集中度的计算公式如下：

$$股票集中度 = \frac{前十大重仓持股市值}{基金组合资产净值}$$

$$行业集中度 = \frac{前五大行业资产净值}{基金组合资产净值}$$

3.3.3 模型产出指标设计

（1）累计净值收益率。

累计单位净值可以衡量基金成立以来考虑派息下的历史收益情况，这是对基金长期考察的一个重要指标。根据投资学理论我们可知，任何一只业绩表现好的基金应该不仅是短期收益的可观，而是在长期来看表现均衡增长的趋势，因此可以采用此指标来着重考察样本基金的历史收益状况，此指标数据可以在 Wind 金融数据库中下载得到。从考察形态来说，这个指标考察的是存量数据，要对收益增长状况（流量）进行考察还需筛选其他指标加以考察。

（2）复权单位净值增长率。

为了弥补单一存量收益指标考察的不足之处，选取复权单位净值增长率来考察样本基金收益的增长情况。基金组合的总回报来源有两部分：一是资本回报，反映基金所持有的股票与债券价格涨跌的幅度；二是收入回报，依据基金合同的分红原则，基金投资者可以获得分红收益，这部分收入可以再次作为资本进行基金的再投资。复权单位净值即考虑上述第二个收入部分再次进行投资条件下所计算的单位净值，相比其他计算方法，更加符合实际的情况。

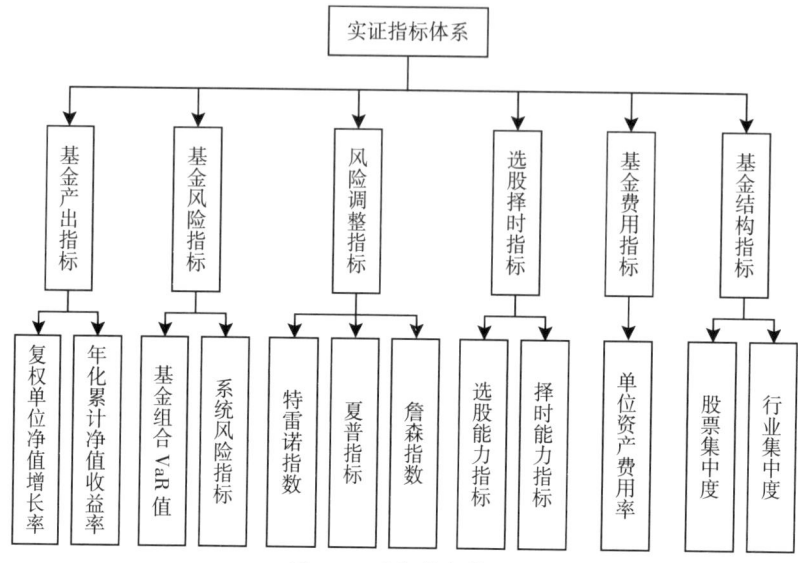

图 3-5 实证指标体系

4 我国开放式证券投资基金绩效评价的实证分析

4.1 实证样本的选取和数据来源

本书选取样本基金遵循以下原则：第一，基金成立三年以上，便于对样本基金分阶段进行实证分析；第二，选取三种不同类型的基金，便于对不同类型的基金进行分析；第三，选取三种风格的样本基金，便于从不同风格角度来进行分类分析；第四，尽量选取不同基金管理人管理的基金，增加样本基金的代表性。依据以上四条原则，本书选取了30只样本基金，其基本情况如表4-1所示。

表4-1 样本基金概况

序号	基金代码	基金名称	基金管理人	基金类型	投资风格
1	000001	华夏成长	华夏基金	股票型	大盘成长
2	420001	天弘精选	天弘基金	股票型	大盘成长
3	483003	工银精选平衡	工银瑞信基金	股票型	大盘成长
4	000082	嘉实研究阿尔法	嘉实基金	股票型	大盘平衡
5	202005	南方成份精选	南方基金	股票型	大盘平衡
6	040011	华安核心	华安基金	股票型	大盘价值

续表

序号	基金代码	基金名称	基金管理人	基金类型	投资风格
7	206009	鹏华新兴产业	鹏华基金	股票型	中盘成长
8	165511	信诚中证500指数	信诚基金	股票型	中盘平衡
9	360001	光大保德信量化	光大基金	股票型	中盘价值
10	210004	金鹰稳健成长	金鹰基金	股票型	小盘成长
11	410009	华富量子生命力	华富基金	股票型	小盘平衡
12	519983	长信量化先锋	长信基金	股票型	小盘平衡
13	100029	富国天成红利	富国基金	混合型	大盘成长
14	288001	华夏经典配置	华夏基金	混合型	大盘平衡
15	050022	博时回报	博时基金	混合型	大盘价值
16	373020	上投摩根双核平衡	上投摩根基金	混合型	中盘成长
17	590006	中邮中小盘灵活配置	中邮创业基金	混合型	中盘成长
18	180020	银华成长先锋	银华基金	混合型	中盘成长
19	121002	国投瑞银景气行业	国投瑞银基金	混合型	中盘成长
20	519091	新华泛资源优势	新华基金	混合型	小盘成长
21	519120	浦银安盛新兴产业	浦银安盛基金	混合型	小盘成长
22	206008	鹏华丰盛	鹏华基金	债券型	大盘成长
23	050023	博时天颐	博时基金	债券型	大盘成长
24	050011	博时信用债券	博时基金	债券型	大盘成长
25	573003	诺德增强收益	诺德基金	债券型	大盘平衡
26	110027	易方达安心回报	易方达基金	债券型	大盘平衡
27	710301	富安达增强收益	富安达基金	债券型	大盘价值
28	217018	招商安瑞进取	招商基金	债券型	中盘成长
29	380009	中银稳健添利	中银基金	债券型	中盘平衡
30	519669	银河领先	银河基金	债券型	中盘价值

根据本书的实证要求，样本基金需选取股票型、混合型和债券型三种不同类型，关于三种不同类型基金的分类方法本书参考晨星基金分类方法，关于投资风格分类本书参考晨星投资风格箱的分类方法，晨星公司根据所投资股票的规模将基金分为大盘、中盘和小盘三类，根据所投资股票的收益性特性将基金

分为价值、平衡和成长三类，结合两种分类方法可得到九种投资类型的基金。

本书样本基金的各种指标数据来自于 Wind 数据库、国泰安数据库和晨星中国网站，选取 2013 年 6 月 12 日至 2016 年 6 月 12 日为样本观测区间（注：2015 年 6 月 12 日上证综合指数达到近期最高点，本书以此时间点为分界点，将观测区间分为强势期和弱势期）。由于部分指标数据来自 Wind 数据库，为保持标准的一致性，因此本书中基金绩效的业绩比较基准选取此数据库中的业绩比较基准。在样本中选取了股票型基金 12 只，混合型和债券型基金各 9 只，在不同类型的样本基金中也分不同投资风格来选取，分不同投资风格选取样本基金是为了便于对样本基金进行多角度的绩效分析，从而得出更加丰富的实证结论，本书中 30 只样本基金的基本情况如表 4-1 所示。

4.2 投入产出指标计算结果与分析

4.2.1 样本基金 VaR 指标的计算与分析

本书的实证研究中有五大类共 10 个投入指标、2 个产出指标，其中有大部分指标可在 Wind 数据库中直接导出得到，如基金组合 β 值、夏普指数、詹森指数、特雷诺指数、基金单位资产费用率、复权单位净值增长率等，但其中的 VaR 指标需要通过间接编程计算得到，因此本书将着重介绍采用 VaR 方法计算基金风险指标的部分，由于 VaR 计算需要保证序列的平稳性，本书引入对数收益率，其计算方法如式（4-1）所示。

$$R_{it} = \ln(NAV_t/NAV_{t-1}) \tag{4-1}$$

式（4-1）中，R_{it} 表示第 t 周的自然对数收益率，NAV_t 表示第 t 周的累计单位资产净值，NAV_{t-1} 表示第 t-1 周的累计单位资产净值。

由于本书计算 VaR 值采用 GARCH 方法，因此必须在计算之前对样本基金数据进行正态性检验（Jarque-Bera 检验）、平稳性检验（ADF 检验）和异方差检验（ARCH 检验）。由于样本基金原始收益率数据一般不具平稳性，因此本书对基金收益率数据做了对数处理，以保证其时间序列的平稳性。经以上三个检验结果表明，30 只样本基金的对数收益序列均不服从正态分布，且均存在尖峰厚尾的特性。基于以上检验结果，可以采用 GARCH 模型中的条件方差来计算样本基金的 VaR 值。根据第 3 章所介绍的计算方法，采用 R 语言软件可编程计算在 95% 的置信水平下三个不同时期样本基金的 VaR 值。由于实证中其他指标均为周度数据，而本节中采用的是日度收益数据，所以计算得到的是日度 VaR 数据，因为需要转化为周度 VaR 数据，转化公式为：周度 VaR = 日度 VaR × $\sqrt{5}$，其结果如表 4-2 所示。

为了对样本基金绩效进行初步评价，引入修正 Sharpe 指数，传统的 Sharpe 指数是样本基金的超额收益率除以样本基金收益率的标准差（度量总风险指标），本书将 VaR 引入 Sharpe 指标的计算，得到修正 Sharpe 的计算公式，如式（4-2）所示。

$$SI_i = \frac{r_i - r_f}{VaR_i} \tag{4-2}$$

式（4-2）中，SI_i 为修正夏普指数，r_i 为基金组合 i 的实际平均收益率，r_f 为考察期内无风险收益率，VaR_i 为样本基金的 VaR 值。

为了对样本基金的绩效状况进行初步评价，采用以上改进的指数对样本基金进行评价。根据以上修正 Sharpe 指数的计算公式，可以计算出样本基金的修正 Sharpe 指数的值，限于本书篇幅只计算三期叠加的修正 Sharpe 指数，所以指数计算过程中的 VaR 值以样本基金 VaR 三期均值为准，将三期的收益数据和风险值数据代入式（4-2）可以得到各自修正的 Sharpe 指数值（SI 指数），进而可以得到样本的绩效排名情况，其结果如表 4-2 所示。

表 4-2　三个观测期的 VaR 情况

基金名称	震荡期 VaR	强势期 VaR	弱势期 VaR	SI 指数	排名
华夏成长	0.081104	0.192165	0.098174	2.206530	26
天弘精选	0.070955	0.150294	0.063736	3.014896	17
工银精选平衡	0.058208	0.199515	0.086955	2.910543	21
嘉实研究阿尔法	0.050472	0.115315	0.067795	4.168986	5
南方成份精选	0.055509	0.127525	0.074634	4.044740	6
华安核心	0.047870	0.096718	0.050245	5.295304	2
鹏华新兴产业	0.064278	0.138902	0.076646	3.484308	10
信诚中证 500 指数	0.086532	0.158345	0.096498	3.881655	7
光大保德信量化	0.062680	0.133688	0.080178	3.780565	8
金鹰稳健成长	0.050840	0.150159	0.131969	2.987674	18
华富量子生命力	0.089407	0.168120	0.116039	2.892662	22
长信量化先锋	0.069307	0.169182	0.078051	3.361660	12
富国天成红利	0.061699	0.122953	0.059804	3.172350	16
华夏经典配置	0.079994	0.150590	0.059280	2.978638	19
博时回报	0.035127	0.138969	0.091956	1.459113	29
上投摩根双核平衡	0.052584	0.145505	0.084534	2.976403	20
中邮中小盘灵活配置	0.084067	0.167455	0.093700	2.877279	23
银华成长先锋	0.060306	0.150896	0.085573	3.397523	11
国投瑞银景气行业	0.031211	0.106927	0.067155	4.591486	4
新华泛资源优势	0.051227	0.131714	0.094030	3.306844	13
浦银安盛新兴产业	0.129873	0.006805	0.138883	3.246468	14
鹏华丰盛	0.055509	0.032485	0.030131	3.189841	15

续表

基金名称	震荡期 VaR	强势期 VaR	弱势期 VaR	SI 指数	排名
博时天颐	0.018320	0.049917	0.022915	3.640074	9
博时信用债券	0.035163	0.043731	0.018784	6.787608	1
诺德增强收益	0.007313	0.040575	0.035833	4.880496	3
易方达安心回报	0.029885	0.054602	0.031447	2.861973	24
富安达增强收益	0.018401	0.142778	0.052401	1.913100	27
招商安瑞进取	0.016746	0.055868	0.006163	1.203397	30
中银稳健添利	0.017456	0.059324	0.038657	2.349333	25
银河领先	0.008173	0.010008	0.138883	1.726685	28

从风险角度来看，三个不同时期的不同市场运行趋势对风险影响很大，相对震荡期和弱势期，强势期的风险较大，由表4-2可知，震荡期、强势期和弱势期的周度VaR均值分别为0.0527、0.1137和0.0724，其中最高的是强势期，其次是弱势期，震荡期最低。观测区间的强势期（2014年6月12日至2015年6月12日）上证综合指数上涨幅度达到151.80%，部分个股的上涨幅度更大，这一方面是市场供需平衡的结果，另一方面也加大了市场的风险。无论是市场还是个股，脱离基本面的非理性上涨都是具有很大风险的，在这里面市场预期起到了推波助澜的作用，过分乐观的市场情绪加剧了市场的运行风险。在震荡期（2013年6月12日至2014年6月12日），市场的震荡幅度小于20%，上证综合指数在2000点上下震荡，由于市场长期在低位盘整，因此市场的风险相对较低，这也正是样本基金在震荡期的周度VaR值最低的原因所在。从不同的基金类型来看，股票型、混合型和债券型三种类型基金的周度VaR均值分别为0.1002、0.0919和0.0397，股票型基金的风险最高，其次是混合型基金，债券型基金的风险最低。这与不同类型基金的

投资风格有关，股票类和混合型基金主要投资于股票，其风险势必高于以投资债券为主的债券型基金。

从绩效方面来看，本书引入修正 Sharpe 指数来度量样本基金的绩效情况。首先分析三种不同类型基金的整体绩效情况，三种基金中整体绩效排名最好的是股票型基金，其排名的均值为 12.88，其次是混合型基金，为 16.55，最低的是债券型，为 18。这样的绩效结果是由不同基金的投资风格与市场的运行状态所决定的，首先，超额收益是对风险溢价的补偿，即高收益是以高风险为代价的，修正 Sharpe 既度量了样本基金的超额收益率，也权衡了样本基金所承受的风险，较为客观地描述了基金的绩效情况；其次，在观测区间内，虽然市场有较大的波动，但是总体而言市场呈现向上攀升的总体态势，这对以分散投资为特点的基金产品，尤其是以投资大盘价值类的基金较为有利，保证其在控制一定风险的前提下实现较高的收益率。从各个样本基金的排名情况还可以得到，投资大盘股的基金表现较好，其中嘉实研究阿尔法、南方成份精选、华安核心、博时信用债券、诺德增强收益排在前 6 名以内，这样的绩效表现与其投资风格和市场趋势是分不开的。

4.2.2 样本基金主要指标分析

影响基金收益水平的指标有很多，本书的指标体系中，选取了五大类共 10 个投入类的指标，2 个产出类指标。表 4-3 中是样本基金在观测区间的夏普指数、特雷诺指数、詹森指数、选股能力和择时能力指标的数值，由于在上一部分中已经分析了样本基金的风险测度情况，因此在本部分着重分析表 4-3 中的 5 个指标。

表 4-3 主要指标数据

基金名称	选股能力	择时能力	夏普指数	特雷诺指数	詹森指数
华夏成长	0.0003	−1.2662	0.0376	0.0018	−0.0010
天弘精选	0.0003	−0.9168	0.0525	0.0027	−0.0005
工银精选平衡	0.0003	−0.5898	0.0656	0.0035	0.0003
嘉实研究阿尔法	0.0002	0.2724	0.1095	0.0047	0.0014
南方成份精选	0.0004	0.6665	0.1612	0.0073	0.0030
华安核心	0.0003	0.1881	0.1397	0.0060	0.0020
鹏华新兴产业	0.0005	−0.1280	0.1165	0.0062	0.0024
信诚中证 500 指数	0.0005	−0.5357	0.0978	0.0046	0.0014
光大保德信量化	0.0003	−0.2274	0.0910	0.0042	0.0009
金鹰稳健成长	0.0008	−0.2186	0.1210	0.0061	0.0032
华富量子生命力	0.0000	−0.3883	0.0483	0.0025	−0.0008
长信量化先锋	0.0017	−1.3856	0.1775	0.0090	0.0057
股票型均值	0.0005	−0.3775	0.1015	0.0049	0.0015
富国天成红利	0.0005	−0.6813	0.0874	0.0045	0.0010
华夏经典配置	0.0001	−1.5087	−0.0058	−0.0003	−0.0026
博时回报	0.0005	−0.2347	0.0968	0.0058	0.0017
上投摩根双核平衡	0.0004	−0.1755	0.0987	0.0050	0.0014
中邮中小盘灵活配置	0.0008	−0.5225	0.1092	0.0058	0.0025
银华成长先锋	0.0002	−0.9487	0.0419	0.0022	−0.0010
国投瑞银景气行业	0.0002	−0.2575	0.0897	0.0042	0.0006
新华泛资源优势	0.0006	−0.5411	0.1016	0.0052	0.0017
浦银安盛新兴产业	0.0007	0.0659	0.1119	0.0085	0.0037
混合型均值	0.0004	−0.5338	0.0813	0.0045	0.0010
鹏华丰盛	0.0004	−0.3490	0.1506	0.0088	0.0010
博时天颐	−0.0001	0.6632	0.0955	0.0048	0.0007
博时信用债券	0.0006	1.1227	0.2324	0.0171	0.0049
诺德增强收益	−0.0003	0.6291	0.0365	0.0030	0.0000
易方达安心回报	0.0003	1.4268	0.2242	0.0121	0.0043
富安达增强收益	−0.0001	0.2495	0.0531	0.0029	−0.0002
招商安瑞进取	0.0002	0.9087	0.2660	0.0134	0.0027

续表

基金名称	选股能力	择时能力	夏普指数	特雷诺指数	詹森指数
中银稳健添利	0.0004	−0.0379	0.5434	0.0380	0.0020
银河领先	0.0004	0.0015	0.5225	0.1131	0.0017
债券型均值	0.0002	0.5127	0.2360	0.0237	0.0019

根据表 4-3 中的数据可知，从选股择时能力方面来看，股票型基金的选股能力最强（其选股指标均值为 0.0005），债券型基金的择时能力最强（其择时能力均值为 0.5127），其原因在于股票型基金的投资主体为股票，因此其组合中大盘价值型股票的比例会较高，这类蓝筹股的抗系统性风险能力一般比较强，所以股票型基金的选股能力指标的均值较高；债券型基金的择时能力指标最高，原因在于债券型基金的投资主体为债券，少部分投资于股票，这类股票就会集中于中小盘型成长性股票，这会对基金管理人的择时能力有较高要求，因此导致债券类基金的择时能力表现更好。从单个样本基金的指标数值来看，长信量化先锋、金鹰稳健成长、中邮中小盘灵活配置三只基金在选股指标方面表现较为出色，其选股指标数值均高于同类型基金选股指标的均值。嘉实研究阿尔法、南方成份精选、浦银安盛新兴产业、博时天颐、博时信用债券、诺德增强收益、易方达安心回报、招商安瑞进取在择时指标方面表现较好，其择时指标数值均高于同类型基金选股指标的均值。

从风险收益方面来看，样本基金在夏普指数的测度上，除华夏经典配置外，其他 29 只样本基金的夏普指数均为正值。夏普指数是权衡收益总体波动性（包含系统风险和非系统风险）之后的回报率，即单位总风险下的超额回报率。夏普指数为正值表明，样本基金在观测区间内实现了比基准收益率更高的收益率；特雷诺指数是权衡基金系统风险之后的回报率，即单位系统风险下的超额收益率。30只样本基金中除华夏经典配置外，其他29只样本基金的特雷诺指数均为正值，表明在市场系统风险下这29只样本基金实现收益率超越无风险收益率。詹森指数的情况类似。从这三大绩效指标的具体数值来看，债券类基金的平均值（其夏普指数、特雷诺指数和詹森指数的平均值分别为0.2360、0.0237和0.0019）要大于混合类基金（其夏普指数、特雷诺指数和詹森指数的平均值分别为0.0813、0.0045和0.0010），其原因在于这三大指标均是风险调整后的超额收益水平度量，而样本观测区间内从2014年6月12日到2015年6月12日，上证综合指数从2051.71点上升至5166.35点，增长幅度达到151.80%，我国股市迎来近期的一股强劲飙升，A股上证综指达到自2007年10月16日（当日上证综指报收6124.04点）以来的最高点，但是之后A股又再次进入下行通道，截至2016年6月13日，A股上证综指暴跌至2833.07点，下降幅度达到82.35%。在这样的暴涨暴跌的市场运行环境之下，其系统性风险相当大，尤其是对于以投资股票为主的股票型基金来说，这也是导致债券型基金三大指标要高于股票型基金的原因。股票型基金的平均值（其夏普指数、特雷诺指数和詹森指数的平均值分别为0.1015、0.0049和0.0015）与混合类基金（其夏普指数、特雷诺指数和詹森指数的平均值分别为0.0813、0.0045和0.0010）相差不大。

4.2.3 因子分析方法结果与分析

对各指标变量进行标准化处理，消除量纲的影响后，然后对样本基金周度VaR值、β系数、选股能力指标、择时能力指标、股票集中度指标、行业集中度指标、单位资产费用率、特雷诺指数、夏普指数、詹森指数共 10 个模型投入指标的标准化数据在 SPSS 20.0 软件中进行因子分析。

根据因子分析法的要求可知，在应用此方法之前要对原始数据进行检验，具体是检验原始变量之间的相关性，以判断此方法的适用性程度。相关性检验的方法有很多，如巴特莱特（Bartlett）球形检验、KMO 检验等，本书同时采用 Bartlett 球形检验和 KMO 检验对指标数据进行检验，其检验结果如表 4-4 所示。

表 4-4　KMO 和 Bartlett 的检验结果

KMO 检验值		0.741
Bartlett 球形检验	近似卡方	582.633
	df	66
	Sig.	0.000

在 Bartlett 球形检验中，其统计量卡方值较大且对应的 Sig. 值小于给定的显著性水平时，表明指标之间存在相关关系，适合做因子分析。在 KMO 检验标准中规定，当 $0.7<KMO<0.8$ 时，表明原始指标比较适合进行因子分析。根据表 4-4 的检验结果，KMO 的值为 0.741，此检验值处于比较适合应用因子分析法的区间，同时 Bartlett 球形检验的结果显示显著性（Sig.）为 0.000，小于 5% 的显著性水平，表明原始指标数据适合进行因子分析。

在进行原始指标适用性检验之后，第二步需要进行公共因子的提取与命名。本书采用 SPSS20.0 软件对 10 个投入指标的标准化数据进行因子分析，根据软件输出的结果可知前 5 个因子的特征根均大于 1，对总方差的贡献度达到 84.613%，如表 4-5 所示。

表 4-5 因子方差分析表

因子	特征值	方差百分比（%）	累计贡献率（%）
1	3.676	26.629	26.629
2	2.174	16.113	42.742
3	2.111	16.588	59.330
4	1.674	13.947	73.277
5	1.560	11.336	84.613

根据表 4-5 可知，前 5 个公因子的累计贡献率达到 84.613%，表明这些公因子包含了原始指标数据的主要信息，基于此本书选择这 5 个公因子计算因子载荷矩阵，经过因子旋转即可得到旋转后的因子载荷矩阵，如表 4-6 所示。

表 4-6 旋转后的因子载荷矩阵

指标	因子 1	因子 2	因子 3	因子 4	因子 5
β 值	0.811	−0.438	0.205	0.153	0.156
VaR 值	0.841	−0.170	0.252	0.396	0.115
夏普指数	−0.340	0.839	−0.127	−0.071	−0.151
特雷诺指数	−0.121	0.964	−0.130	−0.016	−0.043
詹森指数	−0.176	0.874	−0.033	−0.201	−0.015
选股能力	0.139	0.131	0.077	0.888	0.080
择时能力	−0.391	0.085	−0.118	0.878	−0.119
股票集中度	0.182	−0.129	0.969	0.057	0.076
行业集中度	0.420	−0.266	0.880	0.193	0.545
单位资产费用率	0.460	−0.331	0.486	0.266	0.844

根据表 4-6 的结果可知，实证指标体系中的 10 个指标可以分为以下五类。

（1）因子 1 对系统风险度量指标 β 和样本基金周度 VaR 值有较高的解释率，这两个指标都是度量基金风险的指标，因此将因子 1 命名为风险因子。

（2）因子2对夏普指数、特雷诺指数和詹森指数三个指标的解释率较高，因为这三个指数均是风险调整收益指数，因此将因子2命名为风险收益因子。

（3）因子3对股票集中度和行业集中度两个指标解释率较高，因为这两个指标均是刻画样本基金投资结构的指标，因此将因子3命名为结构因子。

（4）因子4对选股能力和择时能力两个指标解释率较高，这两项指标测度的是基金管理人专业化投资水平的指标，因此将因子4命名为能力因子。

（5）因子5对基金单位资产费用率指标解释率较高，这个指标是用于度量样本基金费用的指标，因此将因子5命名为费用因子。

根据以上的分类，可以得到以下公共因子命名解释表，如表4-7所示。

表4-7 公共因子的命名解释

变量	X1	X2	X3	X4	X5
载荷因子	β值、VaR值	夏普指数、特雷诺指数、詹森指数	股票集中度、行业集中度	选股能力、择时能力	单位资产费用率
因子变量	风险因子	风险收益因子	结构因子	能力因子	费用因子

最后，可利用SPSS 20.0软件计算各样本基金的因子得分和综合得分，其结果如表4-8所示。

从风险因子来看，华富量子生命力、信诚中证500指数、金鹰稳健成长、工银精选平衡、光大保德信量化、中邮中小盘灵活配置、华夏成长、嘉实研究阿尔法、银华成长先锋、鹏华新兴产业排名在前10位，说明这些基金在风险控制方面较为出色。基金风险的有效控制得益于基金分散投资与科学投资的特

表 4-8 样本基金的因子得分

基金名称	各因子得分					综合	
	X1	X2	X3	X4	X5	得分	排名
华夏成长	0.7094	−0.3292	−0.1143	1.4468	−1.1959	−1.440	26
天弘精选	0.2497	−0.3954	0.7360	0.8866	−0.7833	−1.010	23
工银精选平衡	1.0362	−0.0811	0.6199	0.0764	−0.1327	−0.350	19
嘉实研究阿尔法	0.5861	−0.0888	−0.3407	−1.2770	1.9444	0.360	10
南方成份精选	0.0951	0.2388	1.6276	−1.4866	0.8964	1.300	2
华安核心	−0.4290	−0.1473	1.2177	−0.6493	0.1860	0.350	11
鹏华新兴产业	0.3063	−0.1753	0.7959	−0.0533	−0.9423	0.310	12
信诚中证 500 指数	1.6951	−0.2459	−1.5199	0.2475	−1.1451	−0.280	17
光大保德信量化	0.9729	−0.2330	−1.6466	−0.3679	1.6118	−0.160	16
金鹰稳健成长	1.3671	−0.0634	0.9254	−0.1567	−1.4586	1.090	5
华富量子生命力	2.1693	−0.0027	−0.8159	−0.8330	0.8613	−0.710	21
长信量化先锋	0.0001	−0.2432	−1.2305	2.6128	0.5802	2.310	1
富国天成红利	−0.0534	−0.3975	−0.9110	0.7938	1.0760	−0.310	18
华夏经典配置	−0.3076	−0.5669	0.8656	1.6357	0.1447	−1.910	30
博时回报	−0.6346	0.0210	2.5765	0.0530	0.5138	0.540	9
上投摩根双核平衡	0.2156	−0.0922	0.2649	−0.1609	0.9849	0.160	14
中邮中小盘灵活配置	0.8374	−0.0029	0.8967	0.4420	−0.4336	0.820	6
银华成长先锋	0.5228	−0.3374	0.3233	0.6701	0.0340	−1.090	24
国投瑞银景气行业	−0.6236	−0.3108	0.8753	−0.0190	0.7009	−0.410	20
新华泛资源优势	0.1634	−0.1674	0.5489	0.4656	0.3759	0.310	13
浦银安盛新兴产业	−0.0828	−0.0479	0.2662	−0.2023	1.2075	1.130	3
鹏华丰盛	−2.2224	−0.4366	−0.9156	1.3239	0.8057	−0.910	22
博时天颐	−0.8479	−0.7764	−0.4875	−0.9469	1.7186	−1.460	27
博时信用债券	−1.2012	−0.0275	−0.6004	−0.9947	0.5076	1.120	4
诺德增强收益	−1.6527	−0.9420	−1.0148	−0.8662	0.5746	−1.860	29
易方达安心回报	−0.3808	−0.1312	−0.6142	−1.9275	1.2240	0.750	7
富安达增强收益	0.2391	−0.6718	−1.0912	−0.6262	1.5348	−1.720	28
招商安瑞进取	−1.3975	0.0451	−0.6427	−0.8615	0.4321	0.010	15
中银稳健添利	−1.5371	1.9412	−0.0114	0.7952	1.1671	0.740	8
银河领先	0.2051	0.6673	−0.5833	−0.9202	1.1775	−1.330	25

点，在样本观测区内，以上10只基金较好地实现了合理有效的风险控制。

从风险收益因子来看，银河领先、银河南方成份精选、中银稳健添利、招商安瑞进取、博时回报、华富量子生命力、中邮中小盘灵活配置、博时信用债券、浦银安盛新兴产业、金鹰稳健成长10只基金排名前10位，风险收益因子是度量风险调整收益的指标，在此因子上得分较高的基金说明其实现了权衡风险下的较高超额收益率，在前10名中股票型、混合型和债券型基金数目相差不大，表明在考虑风险调整前提下，债券类基金和股票型基金具有可比性，债券型基金可以在绩效上优于股票型基金或混合型基金。

从结构因子来看，博时回报、南方成份精选、华安核心、金鹰稳健成长、中邮中小盘灵活配置、国投瑞银景气行业、华夏经典配置、鹏华新兴产业、天弘精选、工银精选平衡更为优秀，结构因子度量的是样本基金投资结构的合理性和科学性，合理的投资结构能够有效地分散系统性风险，从而提高基金的绩效，从排名结果来看，股票型和混合型基金在结构因子上较为合理。

从能力因子来看，长信量化先锋、华夏经典配置、华夏成长、鹏华丰盛、天弘精选、中银稳健添利、富国天成红利、银华成长先锋、新华泛资源优势、中邮中小盘灵活配置排在前10位，其中股票型基金和混合型基金占据8席，债券型基金只有2席，股票型基金的可操作空间和灵活性一般较高，决定其对管理人的选股和择时能力有更高的要求。

从费用因子来看，鹏华丰盛、博时天颐、博时信用债券、诺德增强收益、易方达安心回报、富安达增强收益、招商安瑞进取、中银稳健添利、银河领先这类债券型基金表现较好，这与不同基金类型的收费原则是有关的，一般而言，股票型基金的费用较高，混合型基金其次，债券型基金的费用最低。

从综合得分来看，长信量化先锋、南方成份精选、浦银安盛新兴产业、博时信用债券、金鹰稳健成长、中邮中小盘灵活配置、易方达安心回报、中银稳健添利、博时回报、嘉实研究阿尔法10只基金分列前10位，其中债券型基金占据一半，表明在观测区间内，债券型基金在综合绩效上表现更加突出，一方面与债券型基金稳健科学的投资风格有关，另一方面也与观测区间的市场走势有关，在所选取的观测区间内市场有一波牛市和一波熊市，大起大落的市场运行环境可能对以投资债券为主的稳健性基金更为有利，使得其能够在综合得分上更为优秀。

4.3 基金绩效评价结果与分析

根据 DEA 模型投入产出指标的数据要求，所有指标数据必须是非负数。根据前文指标数据统计表可知，存在部分指标的数据是负数，为了满足模型的应用要求，需要对指标数据进行预处理，这方面的转换方法有很多种，本书采用正向变化法对指标数据进行预处理，转化方法的表达式如式（4-3）所示。

$$Z'_{ij} = 0.1 + \frac{Z_{ij} - b_j}{a_{ij} - b_j} \times 0.9 \quad Z'_{ij} \in [0.1, 1] \tag{4-3}$$

式（4-3）中，Z_{ij} 表示未转化的原始指标数值，Z'_{ij} 表示转换之后的指标数值，a_j 和 b_j 分别表示第 j 项指标的最大值和最小值。之所以采用这种转换方法，是因为这种转换不改变评价的实质，且可以将数据转化为非负的数据。根据以上方法，利用SPSS软件可以得到标准化和正向化以后的投入产出数据。将产出指标也进行正向化处理，之后将经过因子分析处理和正向化处理的投入指标和产出指标的数据表导入DEA Solver Pro 5.0软件，可得到超效率DEA的计算结果。

根据4.2节中因子分析得到的命名解释表可以将超效率DEA实证分析结构表示为图4-1。其中投入指标为风险因子、风险收益因子、结构因子、能力因子、费用因子，产出指标为年化累计净值收益率和复权单位净值增长率。

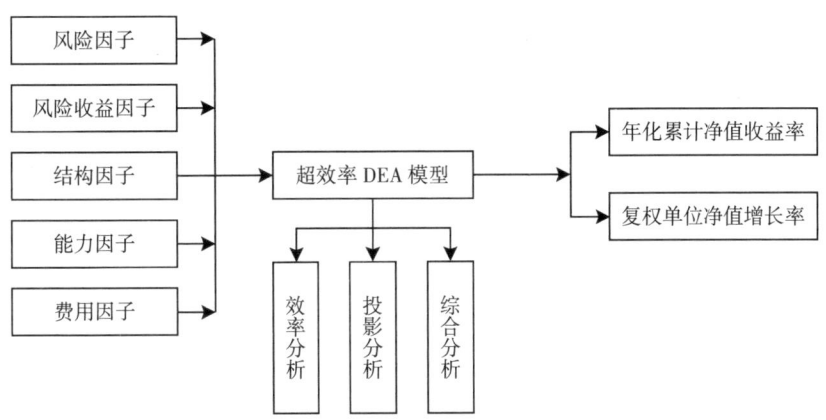

图4-1 超效率DEA实证技术路线图

4.3.1 效率分析

根据总技术效率=纯技术效率×规模效率，可以先通过固定规模报酬的CCR模型求出样本基金的总技术效率（TE），再依据变动规模报酬的BCC模型求出其纯技术效率（PTE）、规模效率（SE）及规模报酬。通过DEA Solver Pro 5.0软件可以得到样本基金的各效率值，其结果如表4-9所示。

表 4-9 样本基金的效率值

序号	DMU	TE	PTE	SE	规模报酬
1	华夏成长	0.356	1.000	0.356	DRS
2	天弘精选	0.426	0.978	0.435	IRS
3	工银精选平衡	0.496	0.768	0.646	IRS
4	嘉实研究阿尔法	0.672	0.779	0.863	DRS
5	南方成份精选	0.832	0.929	0.896	DRS
6	华安核心	0.709	0.930	0.762	IRS
7	鹏华新兴产业	0.802	1.000	0.802	IRS
8	信诚中证 500 指数	1.000	1.000	1.000	CRS
9	光大保德信量化	1.000	1.000	1.000	CRS
10	金鹰稳健成长	1.000	1.000	1.000	CRS
11	华富量子生命力	0.486	0.851	0.571	DRS
12	长信量化先锋	1.000	1.000	1.000	CRS
13	富国天成红利	0.558	0.786	0.710	IRS
14	华夏经典配置	0.131	0.873	0.150	IRS
15	博时回报	0.589	0.838	0.703	IRS
16	上投摩根双核平衡	0.551	0.717	0.769	IRS
17	中邮中小盘灵活配置	0.742	0.847	0.876	IRS
18	银华成长先锋	0.356	0.791	0.450	IRS
19	国投瑞银景气行业	0.495	0.794	0.624	IRS
20	新华泛资源优势	0.642	0.799	0.803	IRS
21	浦银安盛新兴产业	0.805	0.862	0.934	IRS
22	鹏华丰盛	1.000	1.000	1.000	CRS
23	博时天颐	0.635	1.000	0.635	IRS
24	博时信用债券	1.000	1.000	1.000	CRS
25	诺德增强收益	0.476	1.000	0.476	IRS
26	易方达安心回报	1.000	1.000	1.000	CRS
27	富安达增强收益	0.469	0.923	0.509	IRS
28	招商安瑞进取	0.728	1.000	0.728	DRS
29	中银稳健添利	0.579	0.811	0.714	IRS
30	银河领先	0.328	0.691	0.474	IRS
	均值	0.662	0.899	0.730	

注：DMU 为决策单元，TE 为总技术效率，PTE 为纯技术效率，SE 为规模效率。

根据表4-9的结果可知，样本基金在观测区间内的总技术效率（TE）平均值为0.662，即决策单元在此效率上未能达到有效，未能实现最小投入下的最大产出，投入资源有一部分没有被充分利用。从程度上看，有超过1/3的资源未能得到有效利用。根据三大效率之间的关系式，可以反推出决策单元或者是存在纯技术效率欠缺，或者是规模效率欠佳，要找出无效率的原因所在，这需要进一步分析纯技术效率和规模效率。

从总技术效率（Technical Efficiency，TE）来看，在30只样本基金中，有7只基金的总技术效率值为1，分别是信诚中证500指数、光大保德信量化、金鹰稳健成长、长信量化先锋、鹏华丰盛、博时信用债券、易方达安心回报。样本基金若TE值为1，即总技术效率表现有效，根据三种效率之间关系可知其他两种效率也是有效的，表明样本基金既在纯技术效率上有效，也在规模效率上有效。在总技术效率不为1的23只基金中5只基金的纯技术效率值为1，分别是华夏成长、鹏华新兴产业、博时天颐、诺德增强收益、招商安瑞进取。总技术效率值不为1，代表总技术效率无效，导致总技术效率无效（TE不等于1）的原因可能是来自纯技术效率（PTE不等于1），也可能来自规模无效率（SE不等于1），通过进一步对PTE和SE效率值进行分析才能找出无效率的原因。

从纯技术效率（Pure Technical Efficiency，PTE）来看，PTE表示在控制规模的条件下，测度的决策单元最小投入获取最大报酬的能力。具体到基金的绩效上，即在控制基金规模的基础上，基金管理人通过专业化的投资技能获取最大收益的能力，基金管理人获取的超额收益越多，表明纯技术效率越高，PTE的值越大，当PTE的值为1时，表示管理人的运营管理是有效的。样本基金整体纯技术效率均值为0.899，表明在去除规模无效率的影响下，基金在运营管理上对投入指标有10.1%的损耗，这部分投入未对产出有所贡献。在30只样本基金中，有12只样本基金的纯技术效率值为1，分别是华夏成长、鹏华新兴产业、信诚中证500指数、光大保德信量化、金鹰稳健成长、长信量化先锋、鹏华丰盛、博时天颐、博时信用债券、诺德增强收益、易方达安心回报、招商安瑞进取，表明这些基金在管理的运营模式与策略运用上有效率。在样本基金中有富国天成红利、华夏经典配置、新华泛资源优势、浦银安盛新兴产业、富安达增强收益、中银稳健添利等18只基金的纯技术效率值不为1，表明这部分基金需要提高投资利用率和运营技术效率，从而进一步提升其技术效率。

从规模效率（Scale Efficiency，SE）来看，规模效率是指一定的技术效率下，最优规模所确定的投入产出比，数值上可以通过三种效率值之间的关系间接得到。具体到基金绩效上，可以认为规模效率是指基金管理人专业水平一定条件下，能够获取最大收益的基金规模状态，只有基金规模处于有效的状态，基金才能取得更多的超额收益，因此基金管理人要根据基金所处的规模状态适时调整基金的规模，以提升基金的规模效率。根据表4-9可知，信诚中证500指数、光大保德信量化、金鹰稳健成长、长信量化先锋、鹏华丰盛、博时信用债券、易方达安心回报7只样本基金规模效率值为1，表现为固定规模报酬（Constant Return to Scale，CRS），表示该类基金已达到规模效率，现有规模即为最优运营规模，不需要在基金规模上进行任何调整。银河领先等18只基金表现为规模报酬递增（Increasing Return to Scale，IRS），说明该类基金的运营规模过小，必须经过扩大规模才能达到最优规模状态。此外，还有华夏成长等 5 只基金表现为规模收益递减（Decreasing Return to Scale，DRS），意味着这些样本基金处于规模过大的状态，基金管理人必须通过减小基金规模才能达到最优规模状态。

4.3.2 投影分析

投影分析是 DEA 模型分析的重要步骤，通过投影分析可以找出无效决策单元的改进方向，这是 DEA 分析的优势所在。在上述章节中，已经通过计算得到了样本基金的各种效率值，通过对这些效率值的深入分析，可以判别出哪些样本基金运营是有效率的，哪些是修改改进的，但是如何改进需要通过此节的分析才能找到方向。投影分析可计算出无效基金的松弛变量（有效值与实际值之间的差值），这样既可以找出无效基金的改进方向，还可以判断需改进的程度大小，为基金管理人改善无效基金提供了极大的便利。由表 4-10 可知，在样本基金中多数投入冗余来自于风险因子（S1）、结构因子（S3）和能力因子（S4），其中工银精选平衡、嘉实研究阿尔法、华富量子生命力、富国天成红利、华夏经典配置、富安达增强收益表现为风险因素投入冗余，需要加强风险管理，提高投资利用率。天弘精选、南方成份精选、华安核心、华夏经典配置、博时回报、上投摩根双核平衡、中邮中小盘灵活配置、银华成长先锋、国投瑞银景气行业、新华泛资源优势、浦银安盛新兴产业、中银稳健添利 12 只基金表现为结构因素投入冗余，因此对于这类基金需要合理控制基金的投资结构，在资产配置比例上进行优化，从而降低基金投资成本。天弘精选、华夏经典配置、中邮中小盘灵活配置、国投瑞银景气行业、新华泛资源优势 5 只基金在选股择时能力因素上表现为投入冗余，这5只基金应从优化基金选股策略和择时策略入手来消除能力因素投入冗余，从而使基金运营更加有效率。

表 4-10　样本基金投入松弛变量

序号	DMU	松弛变量				
		S1	S2	S3	S4	S5
1	华夏成长	0.000	0.000	0.000	0.000	0.000
2	天弘精选	0.000	0.000	0.159	0.044	0.000
3	工银精选平衡	0.003	0.000	0.000	0.000	0.000
4	嘉实研究阿尔法	0.128	0.000	0.000	0.000	0.009
5	南方成份精选	0.000	0.036	0.365	0.000	0.000
6	华安核心	0.000	0.000	0.272	0.000	0.000
7	鹏华新兴产业	0.000	0.000	0.000	0.000	0.000
8	信诚中证500指数	0.000	0.000	0.000	0.000	0.000
9	光大保德信量化	0.000	0.000	0.000	0.000	0.000
10	金鹰稳健成长	0.000	0.000	0.000	0.000	0.000
11	华富量子生命力	0.239	0.000	0.000	0.000	0.000
12	长信量化先锋	0.000	0.000	0.000	0.000	0.000
13	富国天成红利	0.006	0.000	0.000	0.000	0.000
14	华夏经典配置	0.017	0.000	0.249	0.215	0.000
15	博时回报	0.000	0.000	0.454	0.000	0.000
16	上投摩根双核平衡	0.000	0.000	0.012	0.000	0.000
17	中邮中小盘灵活配置	0.000	0.000	0.048	0.067	0.000
18	银华成长先锋	0.000	0.000	0.110	0.000	0.000
19	国投瑞银景气行业	0.000	0.000	0.160	0.035	0.000
20	新华泛资源优势	0.000	0.000	0.093	0.002	0.000
21	浦银安盛新兴产业	0.000	0.000	0.146	0.000	0.000
22	鹏华丰盛	0.000	0.000	0.000	0.000	0.000
23	博时天颐	0.000	0.000	0.000	0.000	0.000
24	博时信用债券	0.000	0.000	0.000	0.000	0.000
25	诺德增强收益	0.000	0.000	0.000	0.000	0.000

续表

序号	DMU	松弛变量				
		S1	S2	S3	S4	S5
26	易方达安心回报	0.000	0.000	0.000	0.000	0.000
27	富安达增强收益	0.205	0.000	0.000	0.000	0.116
28	招商安瑞进取	0.000	0.000	0.000	0.000	0.000
29	中银稳健添利	0.000	0.255	0.079	0.000	0.000
30	银河领先	0.000	0.547	0.000	0.000	0.000

注：S1、S2、S3、S4、S5 分别为各投入指标的松弛变量。

4.3.3 综合分析

前文从总技术效率、纯技术效率、规模效率以及松弛变量角度对样本基金进行了效率分析和投影分析。要对样本基金进行全面的绩效排名，需要通过超效率 DEA 模型对样本基金进行效率计算，采用 DEA Solver Pro 5.0 软件可以计算得到各样本基金的绩效得分与排名情况，计算结果如表 4-11 所示。

表 4-11 样本基金的超效率

序号	DMU	类型	风格	得分	排名
1	华夏成长	股票型	大盘成长	1.097	8
2	天弘精选	股票型	大盘成长	0.978	13
3	工银精选平衡	股票型	大盘成长	0.768	28
4	嘉实研究阿尔法	股票型	大盘平衡	0.779	27
5	南方成份精选	股票型	大盘平衡	0.929	15
6	华安核心	股票型	大盘价值	0.930	14
7	鹏华新兴产业	股票型	中盘成长	1.052	9
8	信诚中证500指数	股票型	中盘平衡	2.329	3
9	光大保德信量化	股票型	中盘价值	1.300	7
10	金鹰稳健成长	股票型	小盘成长	4.100	1
11	华富量子生命力	股票型	小盘平衡	0.851	19
12	长信量化先锋	混合型	小盘平衡	1.000	12

续表

序号	DMU	类型	风格	得分	排名
13	富国天成红利	混合型	大盘成长	0.786	26
14	华夏经典配置	混合型	大盘平衡	0.873	17
15	博时回报	混合型	大盘价值	0.838	21
16	上投摩根双核平衡	混合型	中盘成长	0.717	29
17	中邮中小盘灵活配置	混合型	中盘成长	0.847	20
18	银华成长先锋	混合型	中盘成长	0.791	25
19	国投瑞银景气行业	混合型	中盘成长	0.794	24
20	新华泛资源优势	混合型	小盘成长	0.799	23
21	浦银安盛新兴产业	混合型	小盘成长	0.862	18
22	鹏华丰盛	债券型	大盘成长	2.329	4
23	博时天颐	债券型	大盘成长	1.015	11
24	博时信用债券	债券型	大盘成长	1.442	5
25	诺德增强收益	债券型	大盘平衡	1.423	6
26	易方达安心回报	债券型	大盘平衡	2.636	2
27	富安达增强收益	债券型	大盘价值	0.923	16
28	招商安瑞进取	债券型	中盘成长	1.025	10
29	中银稳健添利	债券型	中盘平衡	0.811	22
30	银河领先	债券型	中盘价值	0.691	30

从不同的基金类型来看，在综合得分排名前10位的基金中，股票型基金和债券型基金各占5只，在排名靠后的10只基金中有股票型基金2只、债券型基金2只、混合型基金6只，尽管混合型基金在综合排名上稍显逊色，但从不同类型的基金在排名的分布上来看，基金类型不是决定基金综合绩效排名的原因，也就是说，基金类型不是选择高效率基金的条件，任何类型的基金在绩效上均可取得较高的投资绩效。在综合绩效排名中，绩效最好的基金为金鹰稳健成长，其在投入因素的各方面均做到了有效率，即基金运营在风险管理、收益平衡、结构

优化、策略制定和费用降低方面均表现优异。

从不同的投资风格来看，样本基金投资风格为大盘股的表现较好，在前10位中占据一半以上，大盘股（如造船、钢铁、石化、银行类上市公司）在抗风险和稳增长等方面均优势明显，本书的样本观测区间为2013年6月12日至2016年6月12日，在此期间内我国证券市场运行大起大落，系统性风险很大，因此投资大盘股的基金较为稳健，能够在控制风险的前提下取得较好收益，实现基金管理的高效化。但是，基金投资风格也不是明显影响投资效率的因素，在样本基金中像鹏华新兴产业、信诚中证500指数、光大保德信量化、金鹰稳健成长等中小盘基金也表现不俗，取得了较高的综合得分，因此可以认为投资风格对绩效评价不能起到决定性作用。

从以上分析可知，不同类型的基金和不同投资风格的基金在综合绩效上是没有明显差别的，因此不能仅凭基金类型或投资风格来指导选择基金。在投资实践中，需要结合基金类型、投资风格和市场运行环境进行综合分析，从而才能选择投资效率最高、成本最低的优秀基金。一般而言，综合绩效是权衡各种投入与产出因素所得到的一个较为全面的评价，因此可能会与收益导向型评价有所区别，但是作为理性的经济人都应综合权衡各种投入产出因素，选择最为有效率的基金进行投资，这样才能实现投资效用最大化。

4.4 我国开放式证券投资基金绩效持续性的实证分析

基金绩效持续性研究是指对不同时期的绩效结果进行研究，分析不同时期的绩效结果之间存在的联系。也可以认为，绩效持续性研究是研究基金绩效结果的实际投资指导价值，即在实际的基金投资之中，探索投资者能否借助前一时期的绩效结果来指导下一时期的投资方向。当基金具有较强的绩效持续性时，可认为前期的绩效结果指导性较强，反之，则指导性较弱。本章主要通过对样本基金三个不同时期的绩效结果进行统计分析，得出相应的实证结论，并给出建议。

4.4.1 绩效持续性分析的理论基础

在基金绩效持续性研究方面有很多的研究方法，本书根据文献研究和实证需要选取列联表法进行绩效持续性分析。列联表法是一种统计学的研究方法，其核心思想是将考察区间进行分段，在不同的考察区间的不同时间段进行绩效分析，然后将这些不同时间段的绩效结果进行对比，得出一个统计结果。具体的计算过程是先计算得到某一样本基金上一时间段的绩效得分，并将其与所有样本基金的整体绩效（一般为绩效值的中位数）相比较，绩效较好的记为 W，反之记为 L。以此规律计算各个样本基金连续的下一时间段的绩效得分，并将其与同时间段的所有样本基金整体绩效水平相比较，得出各个样本基金的绩效状态。由于本书的考察期为连续的三个时间段，因此可能会出现四种不同的结果，即WW、LL、WL和LW，在列联表法中，通过构造相应的统计量来判断样本基金业绩绩效结果的持续性情况。其实，可以这样理解列联表法，当样本基金中业绩状态保持相同的数量越多时，可以认为具有更强的业绩持续性，反之则不具有业绩持续性，而列联表法只是通过统计学的方法构建了科学的度量形式。在列联表中比较典型的统计量有交叉积比率和卡方统计量。

统计量交叉积比率（Cross-Product Ratio，CPR）可用式（4-4）表示。

$$\mathrm{CPR} = \frac{\mathrm{WW} \times \mathrm{LL}}{\mathrm{WL} \times \mathrm{LW}} \tag{4-4}$$

当CPR=1时，表明四种状态的出现概率基本一致，即无法通过前一时间段的绩效判断后一时间段的绩效，表示不存在绩效持续性。当CPR>1时，即前一时间段的绩效在更大概率上维持到了下一时间段，表示存在绩效持续性。

统计量卡方独立性检验（Chi-Square Test）可用式（4-5）表示。

$$\chi^2 = \frac{(\mathrm{WW} - D_1)^2}{D_1} + \frac{(\mathrm{WL} - D_2)^2}{D_2} + \frac{(\mathrm{LW} - D_3)^2}{D_3} + \frac{(\mathrm{LL} - D_4)^2}{D_4} \tag{4-5}$$

式（4-5）中：

$$D_1 = \frac{(\mathrm{WW} + \mathrm{WL}) \times (\mathrm{WW} + \mathrm{LW})}{N}$$

$$D_2 = \frac{(\mathrm{WW} + \mathrm{WL}) \times (\mathrm{WL} + \mathrm{LL})}{N}$$

$$D_3 = \frac{(\mathrm{LW} + \mathrm{LL}) \times (\mathrm{WW} + \mathrm{LW})}{N}$$

$$D_4 = \frac{(LW + LL) \times (WL + LL)}{N}$$

$$N = WW + WL + LW + LL$$

卡方统计量检验方法的核心思想是将 WW、LL、WL 和 LW 的实际数目与理论数目（应各占 1/4）进行比较，在一定的显著性水平下，当 $\chi^2 < \chi^2_\alpha$ 时，就接受基金前后业绩保持独立性的假设，即可认为基金业绩排名之间具有相互独立的特征，前期绩效对后期绩效没有指导意义；当 $\chi^2 > \chi^2_\alpha$ 时，就拒绝基金前后业绩保持独立性的原假设，即可认为基金业绩存在相关性的特征，前期的绩效对后期绩效具有指导意义。

4.4.2 基金综合绩效持续性实证结果与分析

将三个不同时期的指标数据导入 DEA Solver Pro 5.0 软件，可得到三个不同时期的综合绩效排名情况，结果如表 4-12 所示。从表 4-12 中可知，在震荡期中三种类型的基金绩效排名分布较为均匀，相对而言，股票型和混合型绩效要略优于债券型基金，排名前 10 位的基金均属于股票型或混合型，在市场趋势不明显的情况下，股票型或混合型基金可能借助其灵活的投资策略抓住阶段性获利机会，从而增加基金收益，从风格上来讲投资中小盘的基金表现较好，前 10 名中有 7 只是中小盘基金，中小盘股票的阶段性机会更大是中小盘基金绩效更好的原因。在强势期，基金绩效与类型显著相关，前 10 名中有 6 只股票型基金和 4 只混合型基金，在排名靠后的 10 只基金中有 9 只是债券型基金，在市场强势上涨的情况下，股票型基金和混合型基金综合绩效更好，债券型基金在强势期的综合绩效表现不佳。在弱势期，基金绩效与类型也是显著相关的，债券型基金在市场大幅下跌的情况下能够保证较为稳定的收益，相比之下，股票型和混合型基金绩效则逊色，在综合绩效排名前 10 位的基金中有 9 只是债券型基金，在排名靠后的 10 只基金中有 6 只是股票型基金，大幅下行的市场环境和不同的基金类型及投资风格决定了不同样本基金的综合绩效排名情况。

表 4-12 样本基金在不同时期的综合绩效排名情况

序号	DMU	类型	风格	排名		
				震荡期	强势期	弱势期
1	华夏成长	股票型	大盘成长	16	17	29
2	天弘精选	股票型	大盘成长	25	14	25
3	工银精选平衡	股票型	大盘成长	30	5	26
4	嘉实研究阿尔法	股票型	大盘平衡	10	7	20
5	南方成份精选	股票型	大盘平衡	26	10	11
6	华安核心	股票型	大盘价值	12	16	14
7	鹏华新兴产业	股票型	中盘成长	6	6	18
8	信诚中证 500 指数	股票型	中盘平衡	7	4	24
9	光大保德信量化	股票型	中盘价值	20	9	21
10	金鹰稳健成长	股票型	小盘成长	3	2	16
11	华富量子生命力	股票型	小盘平衡	23	8	28
12	长信量化先锋	混合型	小盘平衡	2	1	10
13	富国天成红利	混合型	大盘成长	9	16	17
14	华夏经典配置	混合型	大盘平衡	4	19	30
15	博时回报	混合型	大盘价值	27	20	12
16	上投摩根双核平衡	混合型	中盘成长	29	11	19
17	中邮中小盘灵活配置	混合型	中盘成长	5	3	23
18	银华成长先锋	混合型	中盘成长	8	13	27
19	国投瑞银景气行业	混合型	中盘成长	19	22	13
20	新华泛资源优势	混合型	小盘成长	11	12	15
21	浦银安盛新兴产业	混合型	小盘成长	1	21	5
22	鹏华丰盛	债券型	大盘成长	21	28	7

续表

序号	DMU	类型	风格	排名		
				震荡期	强势期	弱势期
23	博时天颐	债券型	大盘成长	24	26	8
24	博时信用债券	债券型	大盘成长	28	23	3
25	诺德增强收益	债券型	大盘平衡	18	27	9
26	易方达安心回报	债券型	大盘平衡	17	18	2
27	富安达增强收益	债券型	大盘价值	22	24	22
28	招商安瑞进取	债券型	中盘成长	13	25	6
29	中银稳健添利	债券型	中盘平衡	15	29	4
30	银河领先	债券型	中盘价值	14	30	1

本书有三个考察时期，因此连续的两个时期样本基金可能出现四种状态：WW、WL、LW 和 LL。将两个连续评价期出现的不同状态进行统计，并进行绩效排名持续性检验，其结果如表 4-13 所示。

表 4-13 样本基金的列联表分析

评价期	N	WL	LW	CPR	CHI
震荡期至强势期	30	7	6	1.714	0.966
强势期至弱势期	30	11	12	0.091	12.571

注：WL 和 LW 为评价期中 WL 和 LW 状态出现的次数。

对于第一个评价期（从震荡期到强势期），状态表现为"WW"和"LL"的基金个数占总数的 56.67%，比状态为"WL"和"LW"的比率稍大，其交叉积比率 CPR 的值为 1.714，大于临界值 1，可以认为评价期具有一定的绩效持续性，但是无论从状态比率还是交叉积比率来看，绩效的持续性不是很明显，即前期绩效对后期绩效的预期性不强。在卡方独立性检验下，卡方统计值小于在 5% 的显著性水平下卡方检验的临界值 3.84，根据卡方检验的原理可知，前后两期的绩效排名不存在相关关系，也即绩效排名不具有持续性的特征。

对于第二个评价期（从强势期到弱势期），状态表现为"WL"和"LW"的基金占据绝对多数，其占样本基金总数的比率为76.67%。其交叉积比率CPR的值为0.091，显著小于1的临界值，表明评价期的绩效不存在显著持续性。根据卡方独立性检测可知，统计量大于临界值，由其检验原理可知其前后期绩效排名之间不独立，存在显著的相关关系，即前期的绩效排名对后期可以起到指导作用，在此评价期可以认为股票型基金一般在强势期的综合绩效较好，但弱势期绩效表现较差，而债券型基金一般在强势期的综合绩效排名不高，但在弱势期的绩效要优于股票型和混合型基金。

5　基金业绩与基金风险的关系研究

5.1　引　言

Taylor（2003）在 Brown、Harlow 和 Starks（1996）的研究基础上，通过建立一个两期模型，研究两只年中不同业绩的基金之间的竞争行为，发现当两只基金都是积极投资者时，年中业绩好的基金为了保住竞争优势以吸引新资金的流入在年末持有更多风险资产，而业绩差的基金正好相反。特别地，当两只基金的业绩差额越大、股票的收益越高和波动率越低时这种趋势更加明显。Palomino（2005）假设投资者根据相对业绩来评价基金管理者和配置资金，基金管理者的报酬基于其管理的资产规模，这种选择基金的规则和报酬方案使得管理者追求相对业绩。他们研究了相对业绩目标对竞争的基金数量与交易策略的影响，与最大化绝对业绩相比，相对业绩目标增加了基金市场战略的风险，降低了低质量基金的数量，增加了投资者的期望收益。Basak、Pavlova 和 Shapiro（2008）研究了在给定报酬结构时管理者的动态投资组合选择，他们认为管理者在业绩好时尽可能使资产配置复制基准组合，在业绩差时，管理者的资产配置偏离基准组合使跟踪误差增大。Chen、Hughton 和 Stoughton（2012）研究了管理者在一个多期赢者通吃的锦标赛中竞争的最优投资策略，考虑到多期多个管理者的竞争，最优策略依赖于中间期的状态，在最后日期，除业绩领先的基金外，其他基金的管理者最大化增加投资组合的风险，而业绩遥遥领先的基金，减少了其风险，他们的实证研究支持理论研究的结论。另外，Anderson（2012）研究了基金管理者相对业绩目标对管理者博弈行为的影响，发现管理者报酬分布存在负偏（negative skew），他的研究侧重于博弈行为对收益分布的影响，而不是研究管理者之间的投资策略。

在相关实证研究中，Brown、Harlow 和 Starks（1996）利用基金月度数据来发现上半年业绩表现较差的基金倾向于在下半年增加基金的投资组合风险，而业绩领先于市场的基金，其行为则正好相反，新基金改变投资组合风险程度的激励超过老基金和过去惨遭重创的基金。Koski 和 Pontiff（1999）利用 Beta、收益率标准差等风险指标所进行的实证检验也得出相同的结论。但是 Busse（2001）却对此持相反的态度，他利用基金收益的日数据而非月度数据重复了 Brown、Harlow 和 Starks（1996）的检验，结果并没有发现业绩表现较差的基金倾向于增加基金的投资组合风险，Goriaev、Nijman 和 Werker（2005）也有相似研究。Qiu（2003）研究了相对业绩下管理者的竞争对基金风险承担行为的影响，发现业绩接近于最高业绩的那些基金比最高业绩的基金更倾向于提高基金风险。终止风险（termination risk）对业绩落后的基金风险承担行为是一种约束，赢家拿走所有（winner-take-all）激励基金管理者追求行业的最高业绩。Kempf 和 Ruenzi（2008）研究了基金公司内部各基金管理者之间的竞争，这种竞争一般为了在公司内部获取最好的排名。他们采用美国共同基金的数据发现管理者根据其在公司内部的相对位置而调整基金风险，风险调整的方向依赖于公司内部竞争的形势。那些有很高费用率的基金其风险调整特别明显，这些由单个管理者管理的基金并属于大的基金管理公司。Chen 和 Pennacchi（2009）假设管理者的报酬机构是所管理的基金与其基准组合相对业绩呈凹函数、线性函数或凸函数，研究基金管理者之间的竞争行为，发现在特别保持结构下，当相对业绩下降时管理者增加其管理的基金的"跟踪误差"的波动率，然而，业绩下降时管理者不一定增加基金收益率的波动率。

在国内的相关研究中，胡远（2006）的研究验证了中期相对业绩排序为"输家"的基金，其调整投资组合风险水平的程度倾向于中期相对业绩排序靠前的"赢家"基金，并且这种风险调整的倾向会随着基金业日趋激烈的竞争状况而表现得更为明显。另一些学者的研究则得出了模棱两可的结论。谭政勋（2005）在对基金进行风险调整绩效评估时，得出开放式基金从整体上看具有较强的风险控制能力和获取风险收益能力，但个体差异较大。景华桥（2011）的实证研究也表明，基金经理人会根据排名情况调整投资组合的风险，在年度业绩排序中成为输家的基金经理人比成为赢家的基金经理人更倾向于在后期提高投资组合的风险水平。山立威、王鹏（2012）研究发现，年中业绩排名靠后的输家在下半年提高资产组合的风险程度要大于年中业绩排名靠前的赢家。

本章基于 Chen 和 Pennacchi（2009）的模型，研究相对业绩合同下管理者的业绩与其风险选择的关系，首先通过一个动态资产选择模型分析基金业绩与基金风险的关系，其次采用我国开放式基金的数据对模型的结论进行检验。

5.2 资产选择模型

假设市场上只有两种代表性的资产，一种为风险资产（或风险资产组合），我们称为风险资产组合 A，另一种为基准组合 B（如市场指数组合），A(t)为风险资产组合 A 在 t 时刻的价格，假设 B(t)为基准组合 B 在 t 时刻的价格，A(t)和 B(t)服从如下布朗运动：

$$dA(t) = \alpha_A A(t) dt + \sigma_A A(t) dq \qquad (5-1)$$

$$dB(t) = \alpha_B B(t) dt + \sigma_B B(t) dz \qquad (5-2)$$

其中，dq，dz 为一般的维纳过程且假设 $\sigma_B dz \sigma_A dq = \sigma_{AB} dt$，$\alpha_B$，$\alpha_A$，$\sigma_B$，$\sigma_A$ 为常数。

假设基金管理者将资产配置于投资组合 A、B 的比例分别为 θ 和 $1-\theta$（$0 \leqslant \theta \leqslant 1$），则管理者投资组合的价值 v(t)遵循的布朗运动为：

$$\frac{dV(t)}{V(t)} = [(1-\theta)\alpha_B + \theta\alpha_A] dt + [(1-\theta)\sigma_B dz + \theta\sigma_A dq] \qquad (5-3)$$

假设管理者投资组合与基准组合的相对价值为 G(t) = V(t)/B(t)，则由二维伊藤引理可以得：

$$\frac{dG(t)}{G(t)} = \theta(\alpha_A - \alpha_B + \sigma_B^2 - \sigma_{AB}) dt + \theta(\sigma_A dq - \sigma_B dz) \qquad (5-4)$$

委托方提供给基金管理者的报酬是相对价值 G(t)的函数，假设为 F[G(t)]，管理者没有任何其他初始财富，其所有财富来自其管理资产的报酬收入，并且假设管理者具有负指数效用

函数，即管理者的效用函数为

$$U(F(G(t))) = -\frac{1}{R_a} e^{-R_a F(G(t))} \tag{5-5}$$

其中，R_a 为管理者的风险厌恶系数，$F(G(t))$ 为管理者在 t 时刻的财富。

在上述假设下管理者在进行资产配置时要解决的问题为：

$$\underset{\forall \theta \in [0,1]}{\text{Max}} E[U(F(G(t)))] \tag{5-6}$$

$$\text{s.t.} \quad dG(t) = \theta G(t)[(\alpha_A - \alpha_S + \sigma_S^2 - \sigma_{AS})dt + (\sigma_A dq - \sigma_S dz)] \tag{5-7}$$

式（5-6）的含义是管理者选择投资组合使期末 T 时刻的报酬最大，假设管理者的报酬是期末相对价值 G(T) 的增函数。

假设 t 时刻的价值函数为 $J[G(t),t]$，则价值函数 $J[G(t),t]$ 满足 HJB 方程为：

$$0 = \underset{\theta}{\text{Max}} \, J'_t + J'_G \theta G \alpha_G + \frac{1}{2} J''_{GG} \theta^2 G^2 \sigma_G^2 \tag{5-8}$$

其中，

$$\alpha_G = \alpha_A - \alpha_B + \sigma_B^2 - \sigma_{AB}, \quad \sigma_G^2 = \sigma_A^2 - 2\sigma_{AB} + \sigma_B^2 \tag{5-9}$$

式（5-8）的一阶条件为：

$$J'_G G \alpha_G + J''_{GG} \theta G^2 \sigma_G^2 = 0 \tag{5-10}$$

由式（5-10）可得最优投资比例为：

$$\theta^* = -\frac{J'_G \alpha_G}{J''_{GG} G^2 \sigma_G^2} \tag{5-11}$$

将式（5-10）代入式（5-8）得偏微分方程：

$$0 = J'_t - \frac{1}{2} \frac{(J'_G \alpha_G)^2}{J''_{GG} \sigma_G^2} \tag{5-12}$$

假设委托方提供给基金管理者的合同为线性 PBF 合同，该合同的形式为：

$$F(G(T)) = a + bG(T) \tag{5-13}$$

其中，a，b > 0 为常数，本书第 3 章已讨论了这类合同的激励作用。

则 J(G(t)，t) 满足的偏微分方程为：

$$\begin{cases} 0 = J'_t - \dfrac{1}{2}\dfrac{(J'_G \alpha_G)^2}{J''_{GG} \sigma_G^2} \\ J(G(T),\ T) = -\dfrac{1}{R_\alpha} e^{-R_a(a+bG(T))} \end{cases} \tag{5-14}$$

其中，$J(G(T),\ T) = -\dfrac{1}{R_\alpha} e^{-R_a(a+bG(T))}$ 为式（5-14）的边界条件。根据该偏微分方程的性质，构造如下形式的通解：

$$J(G(T),\ t) = \dfrac{1}{R_a} e^{-R_a(a+bG(T))} e^{\hat{\vartheta}(T-t)} \tag{5-15}$$

其中，$\hat{\vartheta}$ 为待定系数（$\hat{\vartheta}$ 是与 G(T)，t 无关的常数）。

将式（5-15）代入式（5-14）整理得：

$$\hat{\vartheta} = -\dfrac{\alpha_G^2}{2\sigma_G^2} \tag{5-16}$$

最后将 J(G(T)，t) 代入式（5-11）可得管理者投资组合中风险资产组合 A 的最优比例为：

$$\theta^* = \dfrac{1}{bR_a G^2} \dfrac{\alpha_G}{\sigma_G^2} \tag{5-17}$$

5.3 业绩与风险关系

（1）当管理者投资组合中资产 A 的比例为 $\theta^* = \dfrac{1}{bR_a G^2} \dfrac{\alpha_G}{\sigma_G^2}$ 时，基金投资组合 P 的方差为：

$$\sigma_P^2 = \frac{1}{bR_aG^2}\frac{\alpha_G}{\sigma_G^2}\left(\frac{\alpha_G}{bR_aG^2} - 2(\sigma_B^2 - \sigma_{AB})\right) + \sigma_B^2 \qquad (5-18)$$

将基金组合的方差 σ_P^2 关于基金的相对业绩 G 微分得：

$$\frac{\partial \sigma_P^2}{\partial G} = -\frac{4\alpha_G}{bR_aG^3\sigma_G^2}\left(\sigma_B^2 - \sigma_{AB} - \frac{\alpha_G}{bR_aG^2}\right) \qquad (5-19)$$

从式（5-19）知 $\frac{\partial \sigma_P^2}{\partial G}$ 的符号取决于 $\sigma_B^2 - \sigma_{AB} - \frac{\alpha_G}{bR_aG^2}$ 的正负，即不能确定当相对业绩下降时，基金组合的风险会增加。

（2）假设基金跟踪误差为：

$$\tilde{r}_e = \tilde{r}_P - \tilde{r}_B \qquad (5-20)$$

其中 $\tilde{r}_P$ 和 $\tilde{r}_B$ 分别为基金组合和基准组合的收益率，则跟踪误差的标准差为：

$$\sigma_e = \frac{\alpha_G\sqrt{\sigma_G^2}}{bR_aG^2} \qquad (5-21)$$

将 σ_e 关于基金相对业绩微分得：

$$\frac{\partial \sigma_e}{\partial G} = -\frac{2\alpha_G}{bR_aG^3\sqrt{\sigma_G}} \qquad (5-22)$$

只要 $\alpha_G > 0$ 则 $\frac{\partial \sigma_e}{\partial G} < 0$，相对业绩下降，基金组合的跟踪误差增加。另外有

$$\frac{\partial \theta^*}{\partial G} = -\frac{2\alpha_G}{bR_aG^3\sigma_G^2} \qquad (5-23)$$

只要 $\alpha_G > 0$ 则 $\frac{\partial \theta^*}{\partial G} < 0$，说明当相对业绩下降时基金管理者将更多的资产配置于风险资产组合 A，使基金收益的跟踪误差加大，以期战胜基准组合 B 获得更好的相对业绩，从而在基金管理的锦标赛中战胜竞争者。

综合（1）和（2），我们可以得出结论，当基金业绩下降时，基金管理者为了战胜竞争者，基金管理者增加的不是基金组合

的方差，而是增加基金组合的跟踪误差。

5.4 实证假设和数据

5.4.1 相关假设

假设1 存在基金竞赛的情况下，成为输家的基金经理会在下一个竞赛周期提高其管理的基金资产的投资组合风险，而赢家则会相对来说保持原有的投资组合风险。

基金经理非常关注其经营成果在同行中的排名，所以说一个通过认真思考的理性基金经理是因基金排名对其投资组合进行调整。按常规的推断，风险与收益是成正比的，所以那些在年中（竞赛前）业绩排名靠后的基金经理（输家），将会想尽各种办法来提高投资组合的风险以提高其在年终的排名，以此获得高收益；而在年中业绩排名靠前基金经理（赢家），为了保持现有的基金业绩，将会采取继续保持原有的投资组合策略，甚至设法减少当前的风险水平，以此保持住当前所能获得的收益水平。我们用 W 表示赢家、L 表示输家的情况下，σ 表示的是标准差，则：

$$\frac{\sigma_{2L}}{\sigma_{1L}} > \frac{\sigma_{2W}}{\sigma_{1W}} \tag{5-24}$$

其中，σ_{1L}、σ_{2L} 分别是输家在基金竞赛前期和当期的标准差，σ_{1W}、σ_{2W} 分别指的是赢家在基金竞赛前期和当期的标准差。

假设2 在竞赛期间，竞赛前为输家的风险调整比率要大于

5 基金业绩与基金风险的关系研究

竞赛前赢家的风险调整比率。

假设 3 ①一年的时间，前 6 个月为竞赛前的时间，后 6 个月为竞赛的时间。②市场上只有两只基金：a 和 b，这两只基金在年中（竞赛前）的资产都为 H，业绩分别为 R_a 和 R_b，其中 $R_a > R_b$，也就是说在前半年的业绩表现上，基金 a 相对来说好于基金 b。③市场经济中仅仅存在两种资产，分别是无风险资产和有风险资产，其中 r 是无风险资产的收益率，x 是风险资产的收益率，并且风险资产的收益 x 服从正态分布（均值为 μ，方差为 σ^2）。④基金 a 将 $H\theta_a$ 的资金投资于风险资产，基金 b 将 $H\theta_b$ 的资金投资于风险资产，其中 $0 \leq \theta_a \leq 1$、$0 \leq \theta_b \leq 1$。⑤每只基金收取的相应管理费用是资产的固定比例 β，年末投资于基金的资金一共有 B。⑥每个基金经理只能清楚地知道自己的资产组合投资，却不知道其他任何基金经理的资产组合投资，每个基金经理的目标都是最大化自己年末的基金总资产，以此获得最大的收益。

因此经过计算可得基金 a 年末的收益：

$$C_a(\theta_a, \theta_b) = \beta \{ H(1 + R_a + \theta_a x + (1-\theta_a) r) + B\omega_a(\theta_a, \theta_b) \}$$

(5-25)

其中：

当 $R_a + \theta_a x + (1-\theta_a) r > R_b + \theta_b x + (1-\theta_b) r$ 时，$\omega_a(\theta_a, \theta_b) = 1$；

当 $R_a + \theta_a x + (1-\theta_a) r = R_b + \theta_b x + (1-\theta_b) r$ 时，$\omega_a(\theta_a, \theta_b) = \dfrac{1}{2}$；

当 $R_a + \theta_a x + (1-\theta_a) r < R_b + \theta_b x + (1-\theta_b) r$ 时，$\omega_a(\theta_a, \theta_b) = 0$。

同理，也可以通过计算得到 $C_b(\theta_a, \theta_b)$ 和 $\omega_b(\theta_a, \theta_b)$ 的表达式。

通过式（5-25）可以看到，基金 a 可以通过累计比较高的收益（由 $H(R_a+\theta_a x+(1-\theta_a)r)$ 反映）或者吸引新的资金流入（由 $B\omega_a(\theta_a,\theta_b)$ 反映）来获取增加收益。当 $\frac{H}{B}$ 越小时，基金经理主要是通过获取新的资金流入来获得收益；假设 H＝0 时，基金经理的最大愿望就是通过战胜全部的竞争对手，获得数量为 B 的资金流入，以此在年末获得最大的收益。

5.4.2 样本数据

数据来源于 Wind、RESSET 数据库。由于指数型基金属于被动投资型的投资，不存在我们常说的基金经理冒险行为，所以本书不采用指数型基金，而选取了 2006 年 1 月 1 日之前成立的开放式普通股票型基金，其中还剔除了开放式普通股票型基金中的保本型基金，同时还要求选取的基金在 2006 年 1 月 1 日开始一直是开放式的普通股票型基金。这种方式选取的基金可以更好地表现出基金经理主动调整投资组合风险的行为，排除了基金类型对本书研究的影响，相对来说更有代表性和可比性。最终选取的样本有 24 只，样本区间是 2006~2014 年。2006~2014 年，基金市场经历了牛市、熊市的转变。2006 年和 2007 年是基金行情最好的两年，之后经历了 2008 年的金融海啸处于熊市期，2009 年基金整体行情处于上涨期，2010~2013 年也是基金的熊市期，之后慢慢步入牛市期。

5.4.3 指标计算

（1）基金累计回报率（RTN）。

基金累计回报率（RTN）也就是基金的累计净值增长率，指的是基金在指定期内的投资回报率。例如，RTN_{imy} 指的是基金 i 在第 y 年前 m 个月的净值增长率，计算方法如下：

$$RTN_{imy} = \prod_{m=1}^{M}(1+Ret_{imy})-1 = (1+Ret_{i1y})(1+Ret_{i2y})(1+Ret_{i3y})\cdots(1+Ret_{iMy})-1 \tag{5-26}$$

$$Ret_{imy} = \frac{Nav_{imy}}{Nav_{i(m-1)y}} - 1 \tag{5-27}$$

其中，Ret_{imy} 指的是在第 y 年基金 i 在第 m 月的净值增长率。Nav_{imy} 指的是基金 i 在第 y 年 m 月的复权单位净值。同理，$Nav_{i(m-1)y}$ 指的是基金 i 在第 y 年 m-1 月的复权单位净值。从式（5-27）可以知道，这里考虑到了红利用来在投资及拆分的单位净值。

（2）风险调整比率（RAR）。

本书使用基金的风险调整比率（RAR）来测量基金经理在基金行业里业绩排名前后的风险调整行为，其计算公式为：

$$RAR_{iy} = \frac{Sd_{iy}^{2}}{Sd_{iy}^{1}} = \frac{\sqrt{\frac{\sum_{m=M+1}^{12}(Ret_{imy}-\overline{Ret_{i(12-M)y}})^{2}}{(12-M)-1}}}{\sqrt{\frac{\sum_{1}^{M}(Ret_{imy}-\overline{Ret_{iMy}})^{2}}{M-1}}} \tag{5-28}$$

其中，Sd_{iy}^{1} 指的是基金 i 在第 y 年竞赛前 m 个月的累计回报率（净值增长率）的标准差，Sd_{iy}^{2} 指的是基金 i 在第 y 年竞赛期 12-M 个月的累计回报率的标准差。RAR 反映了基金的风险调整程度。例如在 n=6 的情况下，$RAR_{iy}<1$ 说明基金经理在竞赛期 6 个月的投资组合风险小于竞赛前 6 个月的投资组合风险，$RAR_{iy}=1$ 说明基金经理在竞赛期 6 个月的投资组合风险等于竞赛前 6 个月的投资组合风险，$RAR_{iy}>1$ 说明基金经理在竞赛期 6 个月的投资组合风险大于竞赛前 6 个月的投资组合风险。

（3）输赢家的划分标准。

本书将每一年的前 6 个月划分为基金竞赛的前期，后 6 个月为基金竞赛期。首先在样本统计的每一年，对所有的样本基金分别按照竞赛前期的净值增长率RTN进行排序。之后使用两种方法来划分输赢家：方法1是将样本基金对半分，业绩排在前12名的是赢家，业绩排在后12名的是输家；方法2是将样本基金分为4组，每组有6只基金，业绩排名前6的基金是赢家，业绩排名后6的基金是输家。

5.5 实证结果

5.5.1 样本指标统计分析

将基金业绩排名进行全面的整理后，我们得到了表5-1。表5-1中的RTN指的是赛前基金的净值增长率。从表5-1中的第2列（平均净值增长率（RTN））我们可以看到，在2006年、2007年、2009年、2014年这4年里，所选用的样本基金的整体投资回报率是为正的，说明这4年所选用的样本基金投资回报是盈利的；2008年、2010~2013年这5年所选用的样本基金赛前整体的净值增长率为负数，说明这5年所选用的样本基金投资回报整体上是亏损的，特别是在2008年全球金融危机这一年，亏损最为严重。从表5-1的第3列（竞赛第1名在赛前排名）可以看到竞赛（年终）排名第1的一般在赛前都不是第1名，这说明了假设1是成立的，即基金经理为了提高其管理的基金业绩排名来获得更多资金的流入，从而获得高额的收益，会在业绩排名靠后时努力让自己的排名靠前。通过方法1、方法2划分标准下的输家、赢家的平均净值增长率对比可以看到，输家与赢家的 RTN 差别很大，这也说明了那些输家、赢家的投资回报差别很大。

表 5-1 在方法 1、方法 2 划分输赢家下的样本描述统计

年份	平均 RTN (%)	竞赛第 1 名在赛前排名	方法 1 划分标准		方法 2 划分标准	
			赢家平均 RTN (%)	输家平均 RTN (%)	赢家平均 RTN (%)	输家平均 RTN (%)
2006	10.97	6	14.24	7.70	15.9	5.404
2007	15.08	10	19.30	10.86	20.96	7.11
2008	−21.65	10	−18.06	−25.49	−14.33	−26.82
2009	17.38	1	21.12	13.26	23.11	11.03
2010	−8.08	4	−10.40	−15.39	−8.32	−16.36
2011	−2.45	20	0.15	−5.26	1.95	−6.60
2012	−3.48	1	−0.88	−6.09	0.81	−7.65
2013	−4.28	8	−0.54	−8.01	3.55	−9.10
2014	3.15	5	6.62	−0.31	9.37	−1.81

5.5.2 输赢家平均风险调整比率的比较

表 5-2 给出上述两种划分输赢家方法的风险调整比率的统计，表 5-2 中所使用的是输赢家的平均风险调整比率。从表 5-2 中我们可以看到，无论用哪种划分标准，输家的平均风险调整比率普遍要大于赢家的风险调整比率。在方法 1 的划分标准下，只有 2007 年、2009 年、2014 年这 3 年的输家平均风险调整比率小于赢家，在剩下的 6 年时间里都是输家的平均风险调整比率大于赢家；在方法 2 划分标准下，也只有 2009 年、2014 年这 2 年的输家平均风险调整比率小于赢家，在观察期的剩下 7 年，都是输家的平均风险调整比率大于赢家；也就是说，输家在后半年（竞赛期）的平均风险调整程度要大于赢家。这也就证明了本书的假设 1、假设 2 是正确的。

通过比较方法1、方法2划分输赢家的平均风险调整比率之差，即通过看观察期里历年的M2-M1、Q4-Q1，我们可以看到Q4-Q1≥M2-M1，这也就是说在前半年排名越靠后的基金相对于排名越靠前的基金在下半年的风险调整程度越大，这也证明了假设1是正确的，即排名靠后基金在后半年将会增加投资组合的风险程度。通过比较M2-M1与Q4-M1，我们可以看到只有在2008年、2014年M2-M1>Q4-Q1，在观察期的其他7年里M2-M1<Q4-Q1，说明在前半年排名越差的基金在后半年的风险调整比率越高，相应的前半年排名靠后的基金经理承担的风险程度也越大。

表5-2 方法1、方法2划分标准下输赢家的平均风险调整比率的比较

年份	方法1划分标准			方法2划分标准			Q4-M1
	输家RAR(M2)	赢家RAR(M1)	M2-M1	输家RAR(Q4)	赢家RAR(Q1)	Q4-Q1	
2006	1.31	1.18	0.13	1.23	1.03	0.20	0.05
2007	1.59	1.63	−0.04	1.61	1.50	0.11	−0.02
2008	1.38	1.19	0.19	1.30	1.11	0.19	0.11
2009	2.79	2.92	−0.13	2.60	3.09	−0.49	−0.32
2010	1.22	1.07	0.15	1.27	0.99	0.28	0.2
2011	1.11	0.94	0.17	1.114	0.96	0.154	0.174
2012	1.68	1.46	0.22	1.78	1.47	0.31	0.32
2013	1.05	0.58	0.47	1.43	0.54	0.89	0.85
2014	1.03	1.49	−0.46	0.73	1.71	−0.98	−0.76

5.5.3 基金风险调整行为的二维分组检验

（1）检验程序。

本书所谓的二维分组指的是先将竞赛前后期明确，假设竞赛前选的是一年中前M月，那么竞赛期就是后面的12-M个月，

限于篇幅的考虑,本书只采用 M=4 与 M=6 这两种情况。接下来将竞赛前的基金累计回报率 RTN 进行统计分析,在方法 1 的划分下分别划分出输赢家(注:限于篇幅,只做了方法 1 划分输赢家下的检验),这是其中的一维;二维就是将所有的基金风险调整比率 RAR 进行排序平均分为两组,一组的高 RAR,另外一组的低 RAR。在两维分组下,就有以下对应的四种情况:赢家高 RAR,赢家低 RAR,输家高 RAR,输家低 RAR。之后对这四种情况出现的频率分别进行统计。按照本书的假设输家高 RAR 的出现频率要明显大于赢家高 RAR 出现的频率。为了检验出这四种情况出现的独立性,本书采用了 χ^2 检验。假如这四种情况是独立的,那么各自出现的概率为 25%。

(2)方法 1 划分下输赢家的二维分组检验。

表 5-3 二维分组分析下检验输赢家的风险调整

年份		赢家		输家		χ^2 值
		高 RAR	低 RAR	高 RAR	低 RAR	
2006	(4, 8)	5	7	7	5	1.256*
	(6, 6)	4	8	8	4	0.312*
	(8, 4)	4	8	8	4	1.212*
2007	(4, 8)	6	6	6	6	3.246*
	(6, 6)	5	7	7	5	0.267
	(8, 4)	4	8	8	4	0.333**
2008	(4, 8)	6	6	5	6	10.254**
	(6, 6)	5	7	7	5	2.031
	(8, 4)	7	5	5	7	1.365
2009	(4, 8)	5	7	7	5	0.152*
	(6, 6)	6	6	6	6	0.362*
	(8, 4)	4	8	8	4	0.312***

续表

年份		赢家		输家		χ^2值
		高RAR	低RAR	高RAR	低RAR	
2010	(4, 8)	7	5	5	7	0.254*
	(6, 6)	6	6	6	6	1.324
	(8, 4)	4	8	8	4	0.125*
2011	(4, 8)	10	2	2	10	2.101*
	(6, 6)	3	9	9	3	1.362*
	(8, 4)	5	7	7	5	0.364**
2012	(4, 8)	8	4	4	8	5.212
	(6, 6)	7	5	5	7	15.321
	(8, 4)	5	7	7	5	0.365*
2013	(4, 8)	3	9	9	3	8.365*
	(6, 6)	4	8	8	4	18.059
	(8, 4)	2	10	10	2	0.368
2014	(4, 8)	5	7	7	5	5.896*
	(6, 6)	3	9	9	3	0.905*
	(8, 4)	4	8	8	4	6.354**

注：括号内的是t检验值，*、**、*** 分别表示在1%、5%、10%的显著水平上显著。

检验结果如表5-3所示。从表5-3的整体上看，我们可以看到输家高RAR的基金出现频率明显多于赢家高RAR出现的频率，即输家更倾向于提高投资组合的风险程度来试图获得更好的业绩，提高其业绩在业界的排名。这也就证明了本书的假设1是正确的。

5.5.4 竞赛前后基金风险调整

（1）模型设计。

为了控制其他可能影响到基金经理风险调整的行为，本书采用回归分析方法进一步来研究基金排名对基金经理风险调整行为的影响。模型 1 设计如下：

$$RAR_{iy} = \alpha + \beta_1 \, Rank_{iy}^1 + \beta_2 \, Sd_{iy}^1 + \beta_3 \, Tna_{iy} + \beta_4 \, Turnover_{iy} + \beta_5 \, Flow_{iy1} + u_{iy} \tag{5-29}$$

其中：

$$Flow_{i,y,1} = \frac{Tna_{i,y,1} - Tna_{i,y-1,2}(1 + Ret_{i,y,1})}{Tna_{i,y-1,2}} \tag{5-30}$$

$Rank_{iy}^1$ 指的是基金 i 在第 y 年竞赛前（前半年）的业绩排名，每年的排名都是按照从小到大进行排序，要是业绩最差则取值为 0，在业绩最好时取值为 1，其他的话是在 0 到 1 之间均匀分布，根据假设，预期 β_1 是负数。根据现有的研究及本书的假设，基金 i 的风险程度将会受前半年业绩的影响，在前半年业绩排名靠后的基金，基金经理将会在下半年提高投资组合的风险程度，试图在年终获得好业绩。在式（5-29）中 Sd_{iy}^1 是基金 i 在第 y 年前半年的累计回报率（净值增长率）的标准差，因此预期 β_2 的值是负数。根据 Brown 等（1996）的研究，基金总规模对基金经理的冒险行为也会产生影响，因此本书也加入了基金净资产总额 Tna_{iy}，Tna_{iy} 指的是基金 i 在第 y 年的净资产总额。同时本书考虑到基金经理的更换也可能会影响到基金的风险调整，所以加入了基金经理更换的虚拟控制变量 $Turnover_{iy}$，$Turnover_{iy}$ 指的是基金 i 在第 y 年基金经理更换的情况，若更换 Turnover = 1，未更换 Turnover = 0。另外考虑到资金的申购与赎回对基金经理的风险承担也可能产生影响，因此在回归模型中加入了资金流量 $Flow_{iy}$ 作为控制变量，$Flow_{iy}$ 表示基金 i 在第 y 年的资金流量，计算公式是式（5-30），其中 $Tna_{i,y,1}$ 是指基金 i 在第 y 年竞赛前期（第 y 年前半年）的净资产总额，$Tna_{i,y-1,2}$ 是基金 i 在第 y-1 年竞赛期（第 y-1 年后半年）的净资产总额，$Ret_{i,y,1}$ 是基金 i 在第 y

年竞赛前期（第 y 年前半年）的累计回报率。u_{iy} 是误差项。

考虑到稳健性，本书加入了 $Loser_{iy}^1$ 来代替排名 $Rank_{iy}^1$，其他不变，新的回归方程式如（5-31）所示。在本书实证部分，基金排名 $Rank_{iy}^1$ 是从小到大进行排序的，当基金 i 的排名在前 12 时，即输家 $Loser_{iy}^1$=1；基金 i 的排名在后 12 时，即赢家 $Loser_{iy}^1$=0。根据本书的假设，$Loser_{iy}^1$ 的系数 β_1 是正数，说明在前半年业绩表现越差的基金，基金经理会在后半年提高投资组合的风险程度，以此获得更好的业绩。模型 2 设计如下：

$$RAR_{iy} = \alpha + \beta_1 Loser_{iy}^1 + \beta_2 Sd_{iy}^1 + \beta_3 Tna_{iy} + \beta_4 Turnover_{iy} + \beta_5 Flow_{iy} + u_{iy} \quad (5-31)$$

（2）结果分析。

首先对模型 1 和模型 2 的变量进行平稳性检验，检验结果如表 5-4 所示。从表 5-4 我们可以看到所有变量的检验都是显著的。

表 5-4 模型 1 和模型 2 的变量的平稳性检验结果

变量	LLC 检验	IPS 检验	Fisher—ADF 检验	检验结果
$Rank^1$	-10.447*	-8.302*	168.738*	平稳
$Loser^1$	-9.253*	-5.303*	109.923*	平稳
Sd^1	-8.485*	-2.838*	80.250*	平稳
Tna	-16.940*	-7.807*	146.417*	平稳
Turnover	-13.473*	-6.291*	122.412*	平稳
Flow	-464.625*	-126.670*	283.397*	平稳
RAR	-13.744*	-5.899*	129.535	平稳

注：*、**、*** 分别表示在 1%、5%、10% 的显著水平上显著。

5 基金业绩与基金风险的关系研究

表 5-5 模型 1 和模型 2 的回归结果

	C	Rank[1]	Loser[1]	Sd[1]	Tna	Turnover	Flow
模型 1	2.099* (11.706)	−0.002** (−0.349)		−14.724* (−5.995)	0.002* (0.004)	0.104 (1.172)	0.005*** (1.174)
模型 2	2.065* (0.159)		0.008** (0.089)	−14.656* (−5.958)	0.002* (2.873)	0.105 (1.170)	0.005*** (1.194)

注：括号内的是 t 检验值，*、**、*** 分别表示在 1%、5%、10% 的显著水平上显著。

从模型 1 和模型 2 的回归结果表 5-5 可以看到，两个模型里常数项的回归结果都在 1% 的显著水平上显著，表明常数的回归结果是非常良好的。Rank[1] 在 5% 的水平下显著为负，证明了本书的假设 1 成立，前半年排名越差的基金，基金经理越会在后半年提高投资组合的风险，以获得良好的业绩，从而获得高额的收入。Loser[1] 的回归系数在 5% 的水平下显著为正数 0.008，说明在风险调整程度上输家要大于赢家，即输家会采取更加风险冒进的行为，从经济意义的角度来解释就是在控制其他变量的情况下，作为输家的基金风险调整比率 RAR 要比赢家平均高 0.008%，这也最终证明了本书的假设 2 是正确的。在两个模型里，Sd[1] 的回归系数 β_2 都小于 −14，且在 1% 的显著水平上显著，说明基金上半年的风险水平越低，下半年的风险调整比率 RAR 就越高，由于风险与收益成正比，这也进一步证明了本书的假设 1 是正确的。Tna 的回归系数在 1% 的水平下显著为正数 （0.002），从经济意义上解释就是在控制其他变量后，年底基金净值资产总额每增加 1%，基金经理在下半年对投资组合的风险调整比率 RAR 就提高 0.002%。基金经理更换（Turnover）在两个模型里的回归系数都为正数，说明基金经理的更换会导致基金下半年的风险调整比率提高，但并不显著。资金流量 Flow 反映了资金的申购与赎回对基金经理风险调整的影响，由模型 1

和模型 2 的回归结果可知，Flow 的回归在 10% 的水平下显著为正数（0.005），上半年的资金流量 Flow 越大，则在后半年里基金经理对基金风险投资组合的风险提高得越多；用经济意义来解释就是，在控制其他变量的情况下，上半年资金流量 Flow 每增加 1%，则风险调整比例 RAR 将增加 0.005%。

5.5.5 经济周期对基金风险行为的影响

在考虑到基金经理对投资组合风险调整可能与整体的市场条件有关，即基金市场的经济周期，所以加入经济周期进行考虑。基金市场的经济周期对基金经理风险调整的影响有多大？2006 年、2007 年、2009 年、2014 年这 4 年里，从所选用的样本基金的整体投资回报率为正，基金市场的整体也处于上涨阶段，所以定义这 4 年为基金市场的牛市期；2008 年、2010~2013 年这 5 年所选用的样本基金赛前整体的净值增长率为负数，基金市场在这 5 年的时间里整体上也处于下跌期，所以定义这 5 年为基金市场的熊市期。我们将样本基金分牛市期、熊市期并分别用模型 1 进行回归，回归结果如表 5-6 所示。

表 5-6　牛市期、熊市期模型 1 回归结果

	C	Rank[1]	Sd[1]	Tna	Turnover	Flow
模型 1 全样本	2.099* (11.706)	−0.002** (−0.349)	−14.724* (−5.995)	0.002* (0.004)	0.104 (1.172)	0.005*** (1.174)
模型 1 牛市	1.891* (9.894)	−0.025** (−1.802)	−0.143* (−2.118)	0.003* (2.233)	0.0002 (0.027)	−0.003 (−0.691)
模型 1 熊市	1.138* (4.730)	0.018* (3.007)	−6.129* (−2.495)	0.005** (1.651)	−0.103 (−1.118)	0.022*** (−1.379)

注：括号内的是 t 检验值，*、**、*** 分别表示在 1%、5%、10% 的显著水平下显著。

从表 5-6 可以看到，在牛市期 Rank[1] 的回归系数为负数，且小于全样本回归里的 Rank[1] 回归系数，因此我们可以判断，在牛

市期整体的基金行情都是出于上涨期，前半年业绩排名靠后的基金，基金经理将会加大投资组合的风险程度，试图提高在业界的业绩排名。熊市期 Rank[1] 的回归系数在 1% 的水平下显著为正数 (0.018)，表明在熊市期前半年排名靠后的基金，基金经理在下半年将会降低投资组合风险的程度，这应该是因为在熊市期整体的基金市场行情都不好，为了保险起见，越是业绩排名靠后的基金在下半年越是减少投资组合的风险，以此保持原有的业绩，或者以此提高在业界的相对排名。这也就是说在基金业的熊市期，基金的排名却不能激励基金经理进行提高投资组合的风险程度，即本书的假设 1 在基金业的熊市期是不成立的。对比表 5-6 中前半年净值增长率的标准差 Sd^1 的回归系数都是在 1% 的水平下显著为负，因此无论在牛市、熊市期前半年的风险水平越低，基金经理在下半年的风险承担就越大，特别是在熊市期，基金经理对投资组合的风险调整程度受 Sd^1 的影响更大。基金净资产总额 Tna 的回归系数都为正数，且在 5% 的水平以下显著为正，那么基金的净资产总规模越大，基金经理在下半年对投资组合风险调整的程度相对来说就越大，特别是在熊市期。在熊市期，由于基金净值资产总规模 Tna 越大的基金相对来说抗风险能力越强，能抵抗得住一定的亏损，所以作为大规模基金经理，愿意提高下半年的风险承担程度，试图通过搏一搏来获得良好的业绩。基金经理更换 Turnover 的回归系数在牛市期是正数，说明在牛市期新的基金经理会提高投资风险组合的风险程度；在熊市期是负数，说明在熊市期更换基金经理会降低基金在下半年的风险调整程度，这主要也是考虑到熊市期整体行情不好，降低投资组合的风险程度，以此获得在业绩更靠前的排名，但并不显著。在牛市期，上半年的资金流量 Flow 加大，基金经理将会在下半年降低对投资组合的风险调整程度，但并不显著；在熊市期，上半年的资金流量 Flow 加大，基金经理将会在下半年加大投资组合的风险调整程度。

5.6　本章小结

本章首先通过理论模型分析了业绩不同的基金风险选择行为，然后进行实证研究。首先在两种输赢家的划分方法下，经过对输赢家的平均风险调整比率的分析比较，验证了本书的假设 1 是正确的，即成为输家基金的基金经理会在下一个竞赛周期提高其资产的投资组合风险，而赢家基金的基金经理则会相对来说保持原有的投资组合风险。其次利用二维分组的方法验证了本书的假设 1 是正确的，接下来再利用面板模型回归分析的方法验证了本书假设 1、假设 2 是正确的。同时还发现其他可能影响基金经理调整投资组合风险的因素。其中基金的申购与赎回对基金的影响，即资金流量 Flow 越大，基金经理在下半年的风险调整水平将越大。

最后，本书还研究了在基金的牛市、熊市行情并存在基金竞赛的情况下，基金经理在熊市和牛市风险调整行为还是有差别的。在熊市期，前半年基金业绩排名靠后的基金经理还是比较保守的，相对来说是会降低投资组合的风险程度；而在牛市则是加大投资组合的风险程度。基金的总净值资产规模越大，基金经理越会加大资产组合的风险程度。

6 基于委托代理理论的资产定价模型

6.1 相关文献综述

6.1.1 传统资产定价模型及实证研究

1952年,美国著名经济学家马柯维茨发表了论文《投资组合选择》,他从资产的收益和风险之间的关系出发,提出了基于均值—方差准则的投资组合理论,为现代金融理论的发展奠定了基础。他将资产所具有的不确定性用数学的方法进行描述,即用资产的期望收益率表示收益大小,用资产收益率的方差表示风险大小,投资者需要在投资可行域中寻找最合适的投资组合。他认为投资者基本上都偏好收益而厌恶风险,因而投资者在进行投资决策时希望收益越大越好,风险越小越好。

在有关股票收益决定因素的研究方面,国内外学者进行了大量的研究,其中最著名的当属Sharpe(1964)、Lintner(1965)和Mossin(1966)在马科维茨的资产组合理论的基础上建立的经典资本资产定价模型(CAPM):

$$E(r_i) - r_f = \beta_{im}(E(r_m) - r_f) \tag{6-1}$$

其中，$E(r_i)$ 为某项资产的期望收益率，r_f 为无风险收益率，$E(r_m)$ 为市场期望收益率，$\beta_{im} = \dfrac{\text{cov}(r_i, r_m)}{\sigma_m^2}$，$\sigma_m^2$ 为市场投资组合的方差。经典资本资产定价模型（CAPM）认为资产收益率由两部分组成：一是无风险利率，是对放弃即期消费的补偿；二是风险溢价，是对承担风险的补偿。可以看出，经典资本资产定价模型（CAPM）认为只有资产的 β 值影响收益。

Ross（1976）在 20 世纪 70 年代建立了套利定价理论（APT）：

$$r_i = \alpha_i + \sum_{j=1}^{k} b_{ij} F_j + \varepsilon_i, \quad i = 1, 2, 3, \cdots, N \tag{6-2}$$

其中，r_i 为某种资产收益率，α_i 为常数，b_{ij} 为某种因素对资产收益率的影响程度，F_j 代表某种因素，ε_i 为随机误差项。APT 揭示了均衡价格形成的套利驱动机制和均衡价格的决定因素，他运用统计分析模型对资产的历史数据进行分析，分离出显著的影响资产收益的因素，然而 APT 模型并未指出这些影响资产收益的因素具体是什么。

CAPM 和 APT 都是单期模型，Merton（1969，1971，1973）在经典资本资产定价模型（CAPM）基础上提出了多期 ICAPM 定价模型，和 CAPM 不同的是，ICAPM 认为投资者的投资机会随着时间流逝会发生变化，而投资者为了保护自己的收益会不断地对投资组合进行调整，从而提高对某些资产的需求，推动这些资产的均衡价格上升。

Breeden（1979）在已有研究成果的基础上对经典资本资产定价模型（CAPM）进行改进，引入了消费和投资者的效用，建立了基于消费的资产定价模型（CCAPM）。模型假设投资者的目标是效用最大化，由于投资者存在边际效用递减规律，投资者在消费减少时回报率较低的股票的边际效用反而更高，因而，投资者愿意付出更多资金来购买该股票，从而导致投资者的期望收益率降低。

Black（1972）首次对经典资本资产定价模型（CAPM）的有效性进行了实证研究，他的实证研究结果显示 CAPM 是有效的，不过他研究的样本期间是 1926~1968 年。相反，在他之后的不少学者却研究发现 CAPM 在股票市场无效，对市场上存在的一些异常现象不能解释，例如 Reinganum（1981）、Lakonishok 和 Shapiro（1986）实证表明 1970 年以后，β 对资产收益率就不能做出令人信服的解释。

由于中国股票市场成立时间较短，所以国内学者对资产定价理论的研究时间也相对较短。较早进行研究的是施东晖（1996），他选择的样本期间是 1993~1996 年，研究上海 A 股市场的投资风险。结果显示，上海 A 股市场中系统风险占很大比例，但是系统风险与资产收益的关系并不与资本资产定价模型（CAPM）所表示的一样。因此，他认为资本资产定价模型（CAPM）不适用于上海股票市场，非系统风险也会影响资产定价。

杨朝军、邢靖（1998），陈小悦、孙爱军（2000），靳云汇、刘霖（2001）等都对资本资产定价模型（CAPM）在中国股票市场上的有效性进行了研究，研究结果都表明资本资产定价模型（CAPM）并不适用于中国股票市场，还存在其他影响资产收益的因素。当然，也有研究发现资本资产定价模型（CAPM）适用于中国股票市场，例如，朱顺泉（2010）研究发现资本资产定价模型（CAPM）适用于中国股票市场。

国内较早对 FF 三因子资产定价模型进行研究的是范龙振、

余世典（2002），他们研究发现资本资产定价模型（CAPM）并不适用于中国股票市场，而 FF 三因子资产定价模型适用于中国股票市场。

刘维奇、牛晋霞和张信东（2010）考虑了股权分置改革对资产定价的影响，研究结果表明，股权分置改革前后，FF 三因子资产定价模型对组合收益率都有很好的解释力。

也有不少研究发现 FF 三因子资产定价模型并不完全适用于中国股票市场。贺炎林（2007）对我国股市中的横截面收益现象进行了研究，他发现我国股市存在显著的账面市值比效应，并且规模和账面市值比是对股票收益影响最大的两个因素。实证结果显示资本资产定价模型（CAPM）和 FF 三因子资产定价模型都不适用于我国股票市场。

王源昌、汪来喜和罗小明（2010）对 FF 三因子资产定价模型及其改进模型在中国股票市场上的有效性进行实证分析。结果显示，尽管模型估计检验效果不是很好，但是 FF 三因子资产定价模型能够基本适用于我国股票市场，改进后的三因子资产定价模型并不比 FF 三因子资产定价模型的解释力更强。

资产定价模型无法有效解释资本市场中出现的异常现象，使得学者们继续探索新的影响资产收益的因素。Banz（1981）研究了公司规模对股票收益的影响，他证明规模效应主要存在于小规模公司，而对中型和大型公司的影响不明显，小规模公司股票的平均收益率远远高出 β 所预测的值。

Bhandari（1988）研究发现公司财务杠杆比率对股票收益率具有正向影响，即使把市值（ME）和 β 引入到模型中，财务杠杆比率也能帮助解释收益率。

在这些改进资产定价模型中，最著名的是 Fama、French

(1992, 1993) 建立的三因素资产定价模型：

$$E(r_i) - r_f = \alpha_i + \beta_i(E(r_m) - r_f) + s_i E(SMB) + h_i E(HML)$$

(6-3)

其中，E(SMB) 为规模因子的模拟组合收益率，E(HML) 为账面市值比因子的模拟组合收益率，s_i，h_i 为影响程度系数。该模型认为规模（ME）、账面市值比（BE/ME）对资产收益率的解释能力最强，而 β 反而不能很好地解释资产收益率。

可以发现，研究资产定价决定因素是资产定价理论中一个经典的学术话题，正如 Banz 所说，由于缺乏理论支持，并不能确定已有资产定价模型发现的因素是不是决定股票收益的最终因素，可能还有很多影响因素等待我们发现。

当然，也有不少资本资产定价模型（CAPM）的支持者对上述实证研究进行了反驳。Kothari、Shanken 和 Sloan（1995）认为如果使用的是年度数据，β 和资产收益率之间就有经典资本资产定价模型（CAPM）所表示的关系，他们还认为普通股权益的账面值和市值之比（BE/ME）和平均收益率的关系是由于样本数据的偏差（只有成功公司的财务数据被保存下来，没有退市公司的相关数据）被夸大了。

Barber、Lyon（1997）认为 Fama、French 的结果有数据挖掘的嫌疑，认为他们得出经典资本资产定价模型（CAPM）无效，而 FF 三因子资产定价模型有效是因为他们所采用的数据导致。

许多学者研究发现经典资本资产定价模型（CAPM）不适用于中国股票市场，他们对经典资本资产定价模型（CAPM）进行改进，探索新的影响资产收益的因素，试图建立更加适用于我国股票市场的资产定价模型。陈彦斌、徐绪松（2003）提出了基于风险基金的 CAPM 模型，模型描述了资产收益和风险之间的线性关系，他们研究发现基于风险基金的 CAPM 模型可以用来研究广泛的现代资产定价理论。

徐德财（2010）在 CCAPM 模型的基础上引入了流动性变量，应用联立方程组模型来描述资产定价过程中变量之间的相互关系，从时间序列和截面两个数据特征角度对模型进行了实证检验。研究发现在时间序列数据实证结果中，单方程 CCAPM 模型有其合理的一面，能够描述基本的相关关系，但是这种关系并不显著。而在截面数据下，包含流动性变量的联立方程组 CCAPM 模型更加优越。

李绯（2012）在资产链理论基础上，以信息不对称为异质信息的来源，研究了不对称信息下基于资产链的资产定价理论。因为机构投资者比散户拥有更丰富的信息，她推出了知情者的最优风险资产持有量和不知情者的最优风险资产持有量，最终得到了均衡的价格分布。

徐振华（2012）使用 Fama-Macbeth 横截面回归法对流通股比例效应的存在性和显著性进行实证研究。他研究的样本期间为 2006~2010 年，实证研究结果显示上海股票市场存在显著的流通股比例效应、规模效应和不显著的账面市值比效应，流通股比例效应对股票收益产生了显著的正向影响。

6.1.2 代理投资下资产定价模型及实证研究

国外最早研究代理投资下资产定价的是 Brennan（1993），他认为个人投资者和机构投资者之间的委托代理产生了新的定价因素，他在静态模式下推导出基于委托代理的资产定价模型，使用基准 β 代表委托代理对资产定价的影响，模型预测委托代理会降低资产的期望收益率。由于基于 1933~1990 年的数据不支持模型的预测结果，Brennan（1993）的研究没有引起广泛关注。Gomez 和 Zapatero（2003）、Cornell 和 Roll（2005）、Brennan 和 Li（2008）在 Brennan（1993）研究的基础上，假设委托组合投资的管理者的报酬合同为相对业绩合同，建立了二因素 CAPM 模型，这两个模型为市场组合和基准组合，Petajist（2009）也有相似研究。Leippold 和 Rohner（2010）将机构投资作为内生变量建模，研究认为机构投资降低了市场的风险升水；当考虑相对业绩时，与基准组合高度相关的股票有更低的收益率，他们的实证研究支持了模型预测的结果。基于 Brennan（1993）的研究，在连续时间金融背景下，Cuoco 和 Kaniel（2011）建立了动态一般均衡投资模型分析委托代理对资产均衡价格的影响，他们假设模型中委托代理合同的参数、代理投资组合管理的广度与基准指数和非基准指数的收益都是内生的。结果表明委托人为机构投资者设计的报酬合同会影响机构投资者的投资策略，从而对资产定价产生影响。最后作者认为委托人应该为机构投资者设计合理的报酬合同，以使机构投资者为委托人的利益行动。

Asparouhova 和 Bossaerts 等（2010）使用经典的资本资产定价模型（CAPM）研究发现，上半年委托代理对资产定价没有影响，而在下半年委托代理对资产定价有影响，他们把这个归因于投资者的流动，即投资者会把他们的资产转向投资上半年表现好的基金。投资者的这种流动对机构投资者产生了一种隐性激励，这种隐性激励会使机构投资者加大投资风险，从而偏离委托人的目标。作者认为这种隐性激励对资产定价会产生影响，不应该被忽视。

He 和 Xiong（2012）使用模型来解释委托代理投资行业的两个基本观点：第一个观点是给管理者更多的投资灵活性会增加

代理成本；第二个观点是如果管理者被激励去获取更高的报酬，从而需要投资基准指数以外的资产，这也会增加代理成本。该模型强调委托人需要在激励管理者更有效率和代理成本之间进行权衡，但是当这种权衡变得非常困难时，即委托人不能为机构投资者设计合理的契约时，机构投资者很可能就会偏离委托人的目标，从而对资产定价产生影响。

Hoffmann 和 Pfeil（2013）从财务管理角度描述了代理投资对公司价值的影响，他们使用一个连续的动态委托代理模型来分析，并假设管理者为了委托人的利益行动，并且投资那些盈利项目。结果表明公司对低回报、低风险项目常常投资不足，而对高回报、高风险项目投资过度，这些扭曲的投资使得公司承担高风险的同时反而增加了管理者的报酬。因此，公司应该加强公司治理，给委托人设计合理合同，从而减少投资扭曲，降低风险，增加公司价值。

Gorton 和 He（2013）通过将委托代理因素嵌入经典资本资产定价模型（CAPM）来分析管理者决策与公司价值（资产定价）之间的联系，当管理者的报酬依赖于公司股价时，股价被用来决定公司的未来现金流。他们认为股票价格形成机制受到公司股权结构的影响，并且有两种形成机制：第一种是股票价格受到每位投资者，即那些持有股份投资者的影响；第二种是股票价格受到持有股份最大的投资者的影响。在两种形成机制中，资产价格都存在持续、动态的变化模式，资产的风险和价格受到管理者的风险偏好和公司股权结构的影响。

Wong（2013）研究了连续动态委托代理模型，模型描述了一位有限责任的代理人为了委托人的利益进行管理活动，且该代理人为风险中性的。如果代理人采取隐性风险承担行为，这将会减少委托人的利益，即使该行为会给委托人带来短期收益。因此最佳的委托代理合同会约定如果代理人采取隐性风险行为将会受到严重处罚。但是，由于对代理人的有限责任处罚往往难以进行，从而，Wong认为允许代理人采取一定的风险行为是必须的。

Navneet、Ju和Hui（2013）针对经典资本资产定价模型（CAPM）没有考虑委托代理的影响而推出了一个在委托人的成本约束下的资产定价模型。该模型假设有很多基金，这些基金由不同投资者享有，管理者接受委托，为了委托人的利益进行投资，且这些基金分别享有不同的信息。他们使用该模型来研究代理投资对资产定价的影响、管理者的均衡投资策略以及投资组合的自相关系数。最后他们得出结论认为委托代理下资产的均衡价格对资产的风险不敏感。

自2001年9月我国开放式基金推出市场以来，我国提出要大力发展机构投资者。希望能够发挥机构投资者的功能。机构投资者具有容易收集与投资相关的信息，且具有投资管理专业化、投资结构组合化、投资行为规范化等特点，由于机构投资者一般都持有大额资金，因此他们可以通过规模投资降低交易成本，发挥规模经济作用。在2001年及随后几年，机构投资者得到了迅速的发展，直至成为我国股票市场上一支不可忽视的力量，从而一些学者才开始研究委托代理对资产定价的影响。

国内较早进行研究的是蔡庆丰、李超（2002），他们认为经济学家在研究资产定价时往往假设投资者直接投资于金融市场，这一假设符合资产定价理论发展初期的金融市场。随着金融市场上机构投资者的逐渐增多，直至持有市场绝大部分股份，机构投资者实际上已经成为对资产定价具有影响的主导力量，机构投资者和个人投资者的风险偏好不一致和羊群行为会影响资产定价。因此，蔡庆丰、李超（2002）认为，要更好地去理解金融市场的定价机制，应当考虑委托代理对资产定价的影响。

蔡庆丰、李超（2002）从理论上简要研究了金融市场投资主体机构化对资产定价的影响，分析了金融中介存在的风险偏好不一致和羊群效应，并尝试将其纳入资产定价的分析框架，对金融泡沫以及部分异象进行初步探讨，认为投资者机构化是资产定价不可忽略的因素。

蔡庆丰、李超（2004）认为与个人投资者的直接投资相比，机构投资者是一种双层的委托代理结构，个人投资者需要承担与机构投资者之间由于信息不对称所导致的逆向选择和道德风险行为。委托代理使得机构投资者的效用函数和个人投资者的目标函数不一致，即机构投资者会在一定程度上违背个人投资者的利益。因而，随着机构投资者在我国股票市场中持股比例的增加，直至能够对资产定价施加影响，资产定价理论就不能忽视机构投资者的委托代理的影响。

张亦春、蔡庆丰（2004）认为委托人和机构投资者之间的委托代理以及由此导致的逆向选择和道德风险行为使得机构投资者的效用函数和个人投资者的目标函数不一致，即机构投资者会在一定程度上违背个人投资者的利益。机构投资者的这种风险转移倾向会导致资产的均衡价格偏离其基础价值，引起资产泡沫。最后，他们认为我国在引进机构投资者、发挥机构投资者对市场的积极作用时，要注意对机构投资者进行合理监管，防止资产泡沫的过度膨胀。

李鹏、蔡庆丰（2008）针对投资主体机构化演进的趋势，系统分析了机构投资者与公众投资者之间存在的委托代理问题以及由此引发的机构投资者逆向选择和道德风险行为。他们认为机构投资者作为一种受人之托的代理投资者，不可避免地存在委托代理问题，机构投资者和公众投资者之间的激励不相容和信息不对称容易引发后者的道德风险行为。因此，投资主体机构化的快速发展未必会提高市场信息生产与定价效率，在机构投资者委托代理问题严重时，公众投资者的利益有可能被损害。

蔡庆丰（2011）认为代理投资模式要求修正现代金融理论体系，他从以下几个方面展开：机构投资者决策受委托人行为影响、机构投资者诚信义务受自身利益最大化影响、市场剧烈波动更符合基金公司自身利益最大化目标、资产定价理论忽视代理投资及道德风险。他认为经典的资本资产定价模型（CAPM）不能满足这些条件，所以要对经典的资本资产定价模型（CAPM）进行修正，考虑委托代理的影响。

理论的成熟，催生了大量的实证研究。Liang、Yao 和 Wang（2006）提出了一个基于委托代理的资产定价模型，并研究了其对台湾股票市场的均衡影响。他们选取了 16 只台湾开放式股票型基金，研究的样本期间是 1993 年 7 月至 2003 年 1 月，包括 493 周收益。样本期间被分成两个时段，选择 2000 年 1 月为断点，也就是说，前期是 1993 年 7 月至 1999 年 12 月包括 337 周收益，后期是从 2000 年 1 月至 2003 年 1 月包括 156 周收益，用来测试和比较不同时期的结果。他们使用移动平均法和 Fama-Macbeth 方法进行估计，结果显示在台湾股票市场委托代理对资产定价具有影响，该模型在台湾股票市场有效。

Brennan 和 Li（2008）运用理论和实证分析，在静态模式下推导出基于个人投资者和机构投资者的委托代理的两因素资产定价模型。他选择标准普尔 500 指数作为基准指数，样本期间为 1925~2006 年，采用 Fama-Macbeth 方法，以美国股票市场上的所有股票为样本量研究委托代理对资产定价的影响，模型实证结果显示在美国股票市场委托代理对资产定价没有影响。

Brennan 和 Cheng 等（2012）考虑了代理投资对资产定价和投资组合的影响，他们推出了一个基于委托代理的资产定价模型，并假设机构投资者的收益和所选取的基准指数相关，选用标准普尔 500 指数作为基准指数。模型实证结果显示在均衡状态下，与基准指数具有相关性的股票的收益率低于经典资本资产定价模型（CAPM）的预期收益率，机构投资者倾向于投资此类证券，并且在美国股票市场，委托代理对资产定价的影响太小以致无法检测，这和 Gomez、Zapatero（2003）得到的结论相反，并且认为前者选择的都是大型市值股票才导致委托代理对资产定价具有影响的结论。

Glebkin、Makarov（2012）认为机构投资者之间存在一种竞争，即上半年业绩表现较差的机构投资者倾向于加大投资组合的风险，以提高投资组合的收益，从而在年末排名超过同行业的竞争对手。他们建立一个模型研究机构投资者之间的竞争对市场均衡的影响，发现机构投资者之间的竞争越激烈，市场的等级水平越高，市场的期望收益率就越低，即委托代理对资产定价具有影响，然而市场的风险反而不受影响，他们用数据进行检验，得到的结论一致。

Leippold、Rohner（2012）认为经典的资本资产定价模型（CAPM）没有显示直接投资和代理投资的区别，他们认为代理投资下，资产定价受到委托代理和基准指数的影响，他们推出了一个内生代理二因素资产定价模型，并对模型分局部均衡和一般均衡进行分析。在局部均衡下，只有当直接投资者和机构投资者具有相同的风险偏好时，直接投资者才可以获得最大效用，然而当机构投资者更偏好风险时，个人投资者的效用要低于没有委托代理下的效用；在一般均衡下，他们发现委托代理和基准指数对资产定价的影响是双重的。对机构投资者来说，基准指数被视作无风险资产，那些与基准指数相关系数更高的股票收益率要低于与基准指数相关系数更低的股票收益率，机构投资者想要吸引更多的资产和获取更多的报酬就要拥有更充分的信息，这个动机会导致一个更信息化的价格体系和较低的股票风险溢价。最后他们使用美国股市的数据验证了他们的观点，上述结论在1970年后的大市值股票中更显著。

Basak、Pavlova（2012）推出了基于机构投资者获得比基准指数更高收益率的激励的资产定价模型，他们认为委托代理对资产定价具有影响。首先，代理资产定价模型存在委托代理效应和资产分类效应，资产分类效应即那些和基准指数相关系数更高的股票的超额收益更大，这会增加基准指数股票的风险和整个市场的风险。其次，委托代理会减小市场夏普指数，使其反周期。最后，他们实证了以上结论。他们得出的代理资产定价模型是建立在一系列假设上的：①不同股票有不同的风险；②非基准指数股票比基准指数股票的资本约束更严格；③基金经理对基准指数成分股更乐观。

我国较早对委托代理进行实证研究的是蔡庆丰（2006），他认为代理投资的盛行意味着影响资产定价和市场效率的主要是机构投资者的目标函数，而非委托人的效用函数。机构投资者的投资决策不仅受行为金融学所揭示的各种"有限理性"的约束，还可能受委托代理模式下机构投资者追求自身利益最大化的道德风险行为的影响。他对模型实证发现通过契约设计和基金治理可以降低机构投资者的委托代理的影响。最后，作者还探讨了如何改进我国基金治理机制和完善基金管理费设计，以减弱证券投资基金这一代理投资模式的道德风险对我国市场效率的消极影响。

刘亮（2008）研究了委托代理对可转换债券市场的影响，他将公司代理成本纳入标准的资产定价模型，得到了基于委托代理的可转换债券定价模型，结果显示结合代理成本的资产定价模型比经典资本资产定价模型（CAPM）能够更好地解释可转换债券市场价格和理论价格之间的偏差异常现象。

蔡庆丰、宋友男（2009）运用面板数据模型，研究2004年第二季度至2007年第四季度基金持股在不同市场周期阶段对市场定价效率的影响。实证研究发现：无论是熊市还是牛市，国内基金均降低了市场的定价效率，机构投资者的"超常规发展"并没有使市场更为理性。代理投资潜在的利益冲突、风险转嫁等道德风险行为容易引发资产价格偏离其基础价值，甚至产生资产泡沫。除道德风险外，代理投资还导致个人投资者和机构投资者之间存在投资期限不匹配的问题，这又使得资产定价偏差得不到及时纠正。

吴晓亮、刘亮（2010）研究了基金发展对证券市场均衡及资产价格的影响，他们认为基金的迅速发展使得传统的投资结构发生改变，很多投资者不再是直接持有证券，而是通过申购基金间接持有，投资者结构的改变使得传统的资本资产定价模型（CAPM）的一些假设不再适用。他们研究了基金投资者和基金经理之间的委托代理问题对资产价格的影响，分析推导得到了二因素资产定价模型。他们使用上证综合指数作为基金的基准指数，并且使用我国A股市场的数据分别在1997~2000年和

2002~2004年两个样本期间做了实证检验，结果显示我国股市中委托代理对资产定价具有影响。

6.1.3 文献评述

资产定价理论一直是国内外学者的研究重点，该理论主要研究了资产的收益与其风险之间的关系。最经典的当属Sharpe于1964年提出的资本资产定价模型（CAPM），该模型认为资产收益率由两部分组成：一是无风险利率，是对放弃即期消费的补偿；二是风险溢价，是对承担风险的补偿。可以发现，经典资本资产定价模型（CAPM）认为只有资产的β影响收益。该模型的提出被认为是金融研究领域的突破性进展，许多后续研究都从该模型出发。

但是，经典资本资产定价模型（CAPM）由于没有考虑非系统风险对资产收益的影响和假设条件的苛刻，在理论上显得非常抽象，对现实资本市场比较简化，很多学者实证研究发现该模型对资本市场上的一些现象不能做出很好的解释。因此，Sharpe之后的学者都是在经典资本资产定价模型（CAPM）的基础上试图探索更加显著的影响因素，以使资产定价模型能够对现实资本市场进行很好的解释。从早期的Black（1972）建立了零β资本资产定价模型到Merton（1973）引入经济周期的跨期替代模型，再到Ross（1976）建立了著名的套利定价模型（APT），推动了经典资本资产定价模型（CAPM）向多因素资产定价模型的发展。然而套利定价模型（APT）并没有说明这些影响因素究竟是什么，因此后续的研究转向探索更显著的影响因素，如Basu（1977）发现收益价格比效应、Banz（1980）发现规模效应、Stattman（1980）发现账面市值比效应、Bhandari

(1988)发现杠杆效应等。对 CAPM 模型进行改进影响最大、最著名的当属 Fama 和 French（1992，1993）建立的三因素资本资产定价模型，他们在 CAPM 模型的基础上引入了规模效应和账面市值比效应，使得新的资产定价模型即 FF 三因素资本资产定价模型的实证效果大幅改善，并且能够对资本市场中存在的异常现象提供合理的解释。与此同时，也有一些学者如 Barber、Lyon（1997）等实证研究发现 FF 三因素资本资产定价模型对资本市场的解释能力并没有 Fama、French 所说的那么显著，如果采用不同时期的数据，FF 三因素资本资产定价模型的解释能力就大幅度降低。FF 三因素资产定价模型之后的资本资产定价理论通过继续探索影响股票收益的新因素，试图建立对现实金融市场解释能力更强的改进的三因素资产定价模型，得出了四因素资产定价模型、五因素资产定价模型和基于投资者行为的资本资产定价模型，行为资本资产定价模型正是目前的研究热点。

国外学者第一次从理论上研究委托代理对资产定价的影响的是 Brennan（1993）。随后，Asparouhova 和 Bossaert 等（2010）、He 和 Xiong（2012）、Wong（2013）等从委托代理合同的角度研究委托代理对资产定价的影响，但是他们并没有说明有什么影响，而是针对委托代理合同的一些参数设置提出一些意见；Navneet 和 Ju（2013）对委托人施加了成本约束，从而认为委托代理对资产定价没有影响，这个与现实情况不太相符，因为基金发行之初都设定了规模，投资者购买自己想要的份额，基金总规模不变。随着理论的成熟，一系列实证研究也随之展开。Brennan 和 Li（2008）、Brennan 和 Chen（2012）认为个人投资者和机构投资者之间的委托代理产生了一个新的定价因素，并且从实证角度得到了一定的验证。但是在他们的研究中，机构投资者被限制只能投资于风险证券市场，这个和现实市场情况是不一样的。

总的来说，国外学术界对资产定价理论的研究经历了由经典资本资产定价模型（CAPM）到套利定价模型再到 FF 三因素资产定价模型，最后到改进 FF 模型的四、五因素资产定价模型和基于行为经济学的行为资本资产定价模型（BAPM），从不考虑代理投资到研究委托代理对资产定价的影响过程，解释因素不断丰富，对股票收益的解释能力也逐步增强。

我国学者对资产定价理论的研究也在持续进行中。自从经典资本资产定价模型（CAPM）建立后，国内很多学者都对其在我国股票市场的适用性进行实证研究，但前后期的实证研究结果差异较大。2000 年之前的研究成果大多都表明 CAPM 对 1999 年之前的中国股市不具有解释能力，如杨朝军和邢靖（1998）、靳云汇和刘霖（2001）等。这主要是因为在这段时期我国的股市成立时间较短，股市发展仍不成熟。2000 年后，随着中国股市不断发展完善并走向成熟，越来越多的学者实证结果表明资本资产定价模型（CAPM）在中国股市的适用性逐步得到认可，能够对市场上的一些现象进行合理的解释。这段时期的研究主要有范龙振、余世典（2007），朱顺泉（2010）等。这些研究还呈现出国内学者在根据中国股市特征寻找合适的影响因子来改进 FF 三因素资产定价模型的趋势，使得改进后的资产定价模型解释能力不断增强，在我国股票市场的适用性也在提高，如范龙振和余世典（2007）引入市盈率因子和价格因子，宋振平（2010）引入流动性因子等。

国内学者首次研究委托代理对资产定价的影响的是蔡庆丰，不过他主要是从理论角度研究了委托代理对资产定价的影响，如蔡庆丰和李超（2002，2004）、张亦春和蔡庆丰（2004）、蔡庆丰（2007）、李鹏和蔡庆丰（2008）、蔡庆丰（2011）。他们认为机构投资者和个人投资者的目标函数不一致，机构投资者的道德风险和逆向选择是资产定价中不可忽视的因素，这会对资产定价产生影响，但是他们没有说明委托代理怎样影响资产定价，也没有进行实证检验。而刘亮（2008）只是研究了委托代理对可转换公司债券定价的影响，吴晓亮和刘亮（2010）使用的是2004年以前的数据，那个时候我国证券市场发展还不够成熟，机构投资者占股没有现在比重大，因此得出的结论可能不符合当今我国股票市场。

总的来说，经典资本资产定价模型（CAPM）是在标准框架下研究个人投资者的最优行为，但是很少有学者将委托代理及其潜在的道德风险问题纳入资产定价的研究框架。因此，本章将研究委托代理对资产定价的影响，对现有的资本资产定价模型（CAPM）进行改进，以使其在理论上更完善，在实证（预测）上更准确。具体来说，本书首先提出一系列假设框架，这些假设很符合现今股票市场的情况，其次根据个人投资者和机构投资者的效用函数，推出基于委托代理的资产定价模型，并与经典的资本资产定价模型（CAPM）进行对比。本书使用我国上海股市中代表性非常高的上证180指数作为基准指数，上证综合指数作为市场指数，在投资组合形成期间按照股票的 β_{km} 和 β_{ke} 将所有股票分成25个投资组合，使用Fama-Macbeth方法求出投资组合在检验测试期间的 β_{pm} 和 β_{pe} 以及投资组合的等权平均收益率，接下来对模型进行实证研究。最后，本书对实证结果进行分析，探讨研究中的不足以及后续研究方向和需要加强的地方。

6.2 模型假设

（1）股票市场中只存在两类代表性的投资者：个人投资者和机构投资者。个人投资者直接投资于金融市场，只关心自己的收益和风险，并且按照均值—方差来规划自己的投资。而机构投资者是受人之托、代人理财，是为了委托人的利益进行投资，他们投资的资本是由委托人提供。

（2）机构投资者的报酬假设是由两部分构成：按照受托资产计提的固定部分和相对于基准指数的业绩引起的奖励与惩罚。其中，基准指数是由委托人选定的，用来评定机构投资者的投资业绩。

（3）证券市场由无风险证券和 n 种风险证券构成，这些证券都可以自由交易，投资 1 单位无风险证券在 t = 1 期可得无风险收益 $1 + R_F$；风险证券的支付向量是 $\tilde{\mu} = [\tilde{\mu}_1, \tilde{\mu}_2, \tilde{\mu}_3, \cdots, \tilde{\mu}_n]$，我们假设 $\tilde{\mu}$ 服从 n 维正态分布，均值为 μ，协方差矩阵为 Ω，并且为可逆正定矩阵，其中 μ 是（n×1）维向量，Ω 是（n×n）维矩阵。

（4）市场上总共存在 I 个机构投资者和 J 个个人投资者直接参与证券投资活动，其中机构投资者 i(i = 1, 2, 3, $\cdots$, I) 在 t = 0 期可用于投资的初始财富为 W_i，个人投资者 j(j = 1, 2, 3, $\cdots$, J) 在 t = 0 期可用于投资的初始财富为 W_j。

（5）对机构投资者 i(i = 1, 2, 3, $\cdots$, I)，都设定一个基准指数，用向量 x_{0i} 表示，且 $1'x_{0i} = 1$，其中 1 是一个单位向量，1 和 x_{0i}

都是 $(n \times 1)$ 维向量。$x_i(i = 1, 2, 3, \cdots, I)$ 为机构投资者 $i(i = 1, 2, 3, \cdots, I)$ 投资于风险证券的份额，$x_j(j = 1, 2, 3, \cdots, J)$ 为个人投资者 $j(j = 1, 2, 3, \cdots, J)$ 投资于风险证券的份额。

（6）机构投资者的效用函数为定义在其管理的投资组合的收益超过基准投资组合的收益上的指数函数，其效用函数为：

$$U_i(x_i) = -e^{-a_i(x_i - x_{0i})'\tilde{\mu}} \quad i = 1, 2, 3, \cdots, I \tag{6-4}$$

其中，a_i 为机构投资者 $i(i = 1, 2, 3, \cdots, I)$ 的风险厌恶系数。

而个人投资者的效用函数为定义在其管理的投资组合的收益超过无风险收益上的指数函数，其效用函数为：

$$U_j(x_j) = -e^{-b_j x_j'(\tilde{\mu} - R_f 1)} \quad j = 1, 2, 3, \cdots, J \tag{6-5}$$

其中，b_j 为个人投资者 $j(j = 1, 2, 3, \cdots, J)$ 的风险厌恶系数。

6.3 模型及其分析

对机构投资者 $i(i = 1, 2, 3, \cdots, I)$，假设想获得超过基准投资组合的收益率，表现出很努力，从而可以得到：

$$E[U_i(x_i)] = -e^{-a_i(x_i - x_{0i})'\mu + \frac{1}{2}a_i^2 \text{var}[(x_i - x_{0i})'\tilde{\mu}]} \tag{6-6}$$

因此，机构投资者 $i(i = 1, 2, 3, \cdots, I)$ 的最优化问题 $\max E[U_i(x_i)]$ 等价于

$$\max_x (x - x_{0i})'\mu - \frac{a_i}{2}(x - x_{0i})'\Omega(x - x_{0i}) \tag{6-7}$$

式 (6-7) 需要满足的约束条件为 $x_i'1 = 1$，解方程得出机构投资者的最优风险资产持有份额为：

$$x_i = x_{0i} + \frac{1}{a_i}\Omega^{-1}(\mu - \lambda_i 1) \qquad (6-8)$$

注意到 $x_i'1 = 1$，可以得出 $\lambda_i = \mu'\Omega^{-1}1/1'\Omega^{-1}1 \equiv \mu_v$，其中 μ_v 是最小方差投资组合收益率。

对于个人投资者 $j(j = 1, 2, 3, \cdots, J)$，他的期望效用函数为：

$$E[U_j(x_j)] = -e^{-b_j x_j'(\mu - R_F 1) + \frac{1}{2}b_j^2 \text{var}[x_j'(\tilde{\mu} - R_F 1)]} \qquad (6-9)$$

因此，个人投资者 j ($j = 1, 2, 3, \cdots, J$) 的最优化问题 $\max E[U_j(x_j)]$ 等价于

$$\max_x x'(\mu - R_F 1) - \frac{b_j}{2}x'\Omega x \qquad (6-10)$$

式 (6-10) 需要满足的约束条件为 $x_j'1 = 1$，解方程得出个人投资者的最优风险资产持有份额为：

$$x_j = \frac{1}{b_j}\Omega^{-1}(\mu - R_F 1) \qquad (6-11)$$

令 W_m 代表市场投资组合的总财富量，x_m 代表市场投资组合份额，那么当市场均衡时，证券市场应处于出清状态，即意味着下式成立：

$$\sum_i W_i x_i + \sum_j W_j x_j = W_m x_m \qquad (6-12)$$

将式 (6-8) 和式 (6-11) 代入式 (6-12)，得到以下均衡预期收益表达式：

$$\mu = R_F^* 1 + \theta_1 \Omega x_m - \theta_2 \Omega x_0 \qquad (6-13)$$

其中，

$$R_F^* = \frac{\left[\sum_i (W_i/a_i)\mu + \sum_j (W_j/b_j)R_F\right]}{W^*}$$

$$\theta_1 = W_m/W^*$$

$$x_0 = \sum_i W_i x_{0i} / \sum_i W_i$$

$$\theta_2 = \sum_i W_i / W^*$$

$$W^* = \sum_i (W_i/a_i) + \sum_j (W_j/b_j)$$

x_0 是总基准投资组合，是对每个机构投资者的基准投资组合加权得到，权数是每个机构投资者用于投资的财富量。

式（6-13）说明证券的预期收益率是证券收益和市场投资组合 x_m 收益的协方差、证券收益和总基准投资组合 x_0 收益的协方差的线性函数。注意到 $\theta_2 > 0$，所以证券的预期收益随着它与基准投资组合的协方差的增大而减小。在经典的资本资产定价模型 $E(r_i) - r_f = \beta_{im}(E(r_m) - r_f)$ 中，$\beta_{im} = \frac{\text{cov}(r_i, r_m)}{\sigma_m^2}$，所以对每一只证券，式（6-13）也可以写成：

$$\mu_k = R_F^* + \theta_1^* \beta_{km} - \theta_2^* \beta_{k0} \tag{6-14}$$

其中，β_{km} 和 β_{k0} 分别是证券收益对市场投资组合收益和基准投资组合收益的一元回归系数，且 $\beta_{km} = \frac{\text{cov}(r_k, r_m)}{\sigma_m^2}$，$\beta_{k0} = \frac{\text{cov}(r_k, r_0)}{\sigma_0^2}$，$\theta_1^* = \theta_1 \sigma_m^2$，$\theta_2^* = \theta_2 \sigma_0^2$，$\sigma_m^2$ 和 σ_0^2 分别是市场投资组合和总基准投资组合的方差。如果我们将 e 作为总基准收益 R_0 对市场投资组合收益 R_m 的回归残差，即：

$$R_0 + \alpha_0 + \beta_{0m} R_m + e \tag{6-15}$$

那么，均衡条件式（6-14）又可以写成：

$$\mu_k = R_F^* + \lambda_1 \beta_{km} - \lambda_2 \beta_{ke} \tag{6-16}$$

其中，$\lambda_1 = \theta_1^* - \theta_2^* \beta_{0m}\sigma_m^2/\sigma_0^2 > 0$，$\lambda_2 = \theta_2^* \sigma_e^2/\sigma_0^2 > 0$，$\beta_{ke}$ 是证券收益对总基准投资组合收益残差 e 的回归系数。

由于 R_F^* 是无风险收益率，一般都视作常数，可以用常数 λ_0 代替，所以式（6-16）可以写成：

$$R_k = \lambda_0 + \lambda_1 \beta_{km} - \lambda_2 \beta_{ke} \tag{6-17}$$

式（6-17）为基于委托代理的资产定价模型的实证模型，可以看出，模型预测委托代理会降低资产的预期收益率。

我们假设对每个机构投资者 $i(i = 1, 2, 3, \cdots, I)$，委托人都设定有一个基准投资组合，相应地，对每一个基准投资组合都有对应的 β_{kei}，那么均衡条件式（6-17）又可以写成：

$$R_k = \lambda_0 + \lambda_1 \beta_{km} - \sum_{i=1}^{n} \lambda_{2i} \beta_{kei} \tag{6-18}$$

式（6-18）为一个基于委托代理的多因素资产定价模型的实证模型。

6.4 与传统 CAPM 模型的比较

传统的资本资产定价模型（CAPM）的表达式为：

$$E(r_i) - r_f = \beta_{im}(E(r_m) - r_f) \tag{6-19}$$

其中，$E(r_i)$ 为某项资产的期望收益率，r_f 为无风险收益率，$E(r_m)$ 为市场期望收益率，$\beta_{im} = \dfrac{\text{cov}(r_i, r_m)}{\sigma_m^2}$，$\sigma_m^2$ 为市场投资组

合的方差。CAPM是一个单因素模型，认为股票的收益由对市场风险的补偿决定，投资者进行分散投资，那么他将不承担任何非系统风险，只需承担系统风险，因此投资者的预期收益率高于无风险利率。CAPM假设投资者直接投资于资本市场，不存在任何代理投资。

基于委托代理的资产定价模型的表达式为：

$$E(R_i) = R_F + \beta_{im}E(R_m) + \beta_{ie}e \tag{6-20}$$

其中，$E(R_i)$为某项资产的期望收益率，R_F为无风险收益率，$\beta_{im} = \dfrac{cov(r_i, r_m)}{\sigma_m^2}$，$\sigma_m^2$为市场投资组合的方差，$\beta_{ie} = \dfrac{cov(r_i, r_e)}{\sigma_e^2}$，$\sigma_e^2$为基准投资组合收益残差的方差。该模型认为现代资本市场中存在的委托代理是资产定价不可忽视的因素，机构投资者和个人投资者的目标函数不一致，代理人可能会为了自己的利益而违背委托人的利益。随着机构投资者代理投资模式的盛行，委托代理会降低资产的预期收益率。

综观两种资产定价模型，可以发现基于委托代理的资产定价模型比经典的资本资产定价模型（CAPM）多了一个委托代理因素β_{ie}，这是因为在当今金融市场中，委托人都会设定一个基准指数，用来衡量机构投资者的业绩。然而经典的资本资产定价模型（CAPM）没有考虑委托代理的影响，这很符合该模型产生时的金融市场状况，因为当时个人投资者占据金融市场的绝大部分。而现今，机构投资者已经占据了金融市场的绝大部分。因此，从这一点看，基于委托代理的资产定价模型更符合当今金融市场，具有更广泛的适用性。

7 基于委托代理的资产定价模型实证研究

7.1 数 据

本章基于我国上证 A 股市场的数据，研究机构投资者的委托代理对资产定价的影响。在实际的代理投资市场中，委托人都会为机构投资者设定相应的业绩比较基准，例如，中欧中小盘股票型基金（LOF）的基准指数为 40%×天相中盘指数收益率+40%×天相小盘指数收益率+20%×中信标普全债指数收益率，华安科技动力股票型基金的基准指数为 80%×中证 800 指数收益率+20%×中国债券总指数收益率等。由于上证 180 指数的样本股是所有上证 A 股中最具市场代表性的 180 种股票，能够作为投资评价尺度，其入选的个股均是一些规模大、流动性好、行业代表性强的股票，该指数能全面地反映股价的走势，因此本书选用上证 180 指数作为基准指数。上证综合指数是以上海证券交易所所有挂牌上市的全部 A 股股票为计算范围，以发行量为权数，综合反映了上海证券交易所的总体走势，因此本书选用上证综合指数代表市场指数。选用 3 个月国库券利率作为无风险利率。

很多学者研究的样本期间都剔除了2001年和2005年以及随后的几年，他们是为了避开股权分置改革的影响，这是因为我国在2005年《上市公司股权分置改革管理办法》出台并逐步开始实施。与前人研究不同的是，本书认为股权分置改革已经是无法改变的客观事实。为了反映上海股票市场的真实概况，本书研究的样本期间为1999年1月8日至2003年12月26日、2004年1月2日至2008年12月31日和2009年1月9日至2013年12月31日，涵盖我国上海证券交易所自1990年成立以来的绝大部分期间，在这3个样本期间分别有270周收益率、279周收益率和282周收益率。

本书选用我国上证A股市场的所有股票作为样本，剔除那些发生过暂停上市、终止上市等特殊事项的股票，所有这些股票在1999年1月1日或之前就已经上市，最后总共剩下150只股票，它们分别是广电网络（600831）、三精制药（600829）、青岛海尔（600690）等。本书采用的数据均来自于RESSET锐思金融研究数据库，其中股票、基准指数和市场指数的收益率均采用周收益率。

7.2 方　法

本书采用Fama-Macbeth截面回归估计方法，首先将3个样本期间分别分成3个子样本期间。样本期间1999年1月8日至2003年12月26日分成：1999年1月8日至2000年8月31日，这是投资组合形成期间，包含90周收益率；2000年9月1日至2002年4月26日，这是参数估计期间，包含90周收益率；2002年4月30日至2003年12月26日，这是检验测试期间，包含90周收益率。样本期间2004年1月2日至2008年12月31日分成：2004年1月2日至2005年8月26日，这是投资组合形成期间，包含93周收益率；2005年8月31日至2007年4月27日，这是参数估计期间，包含93周收益率；2007年4月30日至2008年12月31日，这是检验测试期间，包含93周收益率。样本期间2009年1月9日至2013年12月31日分成：2009年1月9日至2010年9月10日，这是投资组合形成期间，包含94周收益率；2010年9月17日至2012年4月27日，这是参数估计期间，包含94周收益率；2012年5月4日至2013年12月31日，这是检验测试期间，包含94周收益率。具体如表7-1所示。

表7-1 样本期间分期

子样本期间分期	1	2	3
投资组合形成期间	1999年1月8日至2000年8月31日	2004年1月2日至2005年8月26日	2009年1月9日至2010年9月10日
参数估计期间	2000年9月1日至2002年4月26日	2005年8月31日至2007年4月27日	2010年9月17日至2012年4月27日
检验测试期间	2002年4月30日至2003年12月26日	2007年4月30日至2008年12月31日	2012年5月4日至2013年12月31日

模型实证研究步骤如下所示：

第一步：构造投资组合。

首先，在每个样本期间的投资组合形成期间，估计模型：

$$R_{0t} = \alpha_0 + \beta_{0m}R_{mt} + e_t \tag{7-1}$$

得到基准指数对市场指数的回归残差 e_t，e_t 就是委托代理因素，保留 e_t 作为下一步骤求出每只股票的 β_{km} 和 β_{ke} 的数据集。

然后，在每个样本期间的投资组合形成期间，使用股票的周收益率作为被解释变量、市场指数的周收益率和上一步骤估计得到的回归残差 e_t 作为解释变量，估计模型：

$$R_{kt} = \alpha_k + \beta_{km}R_{mt} + \beta_{ke}e_t + \varepsilon_t \qquad (7-2)$$

求出每只股票的 β_{km} 和 β_{ke}。先根据 β_{km} 的大小将所有股票分成 5 组，再在所有 5 组里面按照 β_{ke} 的大小再分成 5 组，这样就产生了 25 个投资组合，每个投资组合里有 6 只股票，我们保持这 25 个投资组合在参数估计期间和检验测试期间不变。

第二步：获取解释变量。

在参数估计期间，我们估计模型：

$$R_{pt} = \alpha_p + \beta_{pm}R_{mt} + \beta_{pe}e_t + \varepsilon_t \qquad (7-3)$$

求出 25 个投资组合的 β_{pmt} 和 β_{pet}，这些（β_{pmt}，β_{pet}）作为检验测试期间的解释变量。

以样本期间 1999 年 1 月至 2003 年 12 月为例，每个投资组合在参数估计期间和检验测试期间都有 90 周收益率，这里我们对投资组合使用等权平均求出投资组合平均周收益率，即为投资组合中每只股票周收益率的等权平均值。

我们使用参数估计期间第 1 周到第 90 周收益率估计出检验测试期间第 1 周 25 个投资组合的 β_{pm1} 和 β_{pe1}；使用参数估计期间第 2 周到检验测试期间第 1 周收益率估计出检验测试期间第 2 周 25 个投资组合的 β_{pm2} 和 β_{pe2}；……使用参数估计期间第 90 周到检验测试期间第 89 周收益率估计出检验测试期间第 90 周 25 个投资组合的 β_{pm90} 和 β_{pe90}。在样本期间 2004 年 1 月至 2008 年 12 月和 2009 年 1 月至 2013 年 12 月的方法与此类似，只不过估计样本量分别为 93 周和 94 周。

这样一来，在样本期间 1999~2003 年的检验测试期间，每个投资组合都有 90 周（β_{pmt}，β_{pet}）；在样本期间 2004~2008 年的检验测试期间，每个投资组合都有 93 周（β_{pmt}，β_{pet}）；在样本期间 2009~2013 年的检验测试期间，每个投资组合都有 94 周（β_{pmt}，β_{pet}）。相应地，我们对 25 个投资组合中股票的周收益率进行等权平均，求出 25 个投资组合的平均周收益率，从而，在样本期间 1999~2003 年的检验测试期间，每个投资组合都有 90 周平均收益率；在样本期间 2004~2008 年的检验测试期间，每个投资组合都有 93 周平均收益率；在样本期间 2009~2013 年的检验测试期间，每个投资组合都有 94 周平均收益率。

第三步：模型估计检验。

我们使用在参数估计期间获得的 25 个投资组合的平均周收益率作为被解释变量，β_{pmt}，β_{pet} 作为解释变量在每个样本期间的检验测试期间估计基于委托代理的资产定价模型的实证模型：

$$R_{pt} = \lambda_{0t} + \lambda_{1t}\hat{\beta}_{pm,t-1} + \lambda_{2t}\hat{\beta}_{pe,t-1} + \varepsilon_t \tag{7-4}$$

其中，p = 1，2，3，…，25。模型中的 t 在第一个样本期间的检验测试期间为 t = 1，2，3，…，90；在第二个样本期间的检验测试期间为 t = 1，2，3，…，93；在第三个样本期间的检验测试期间为 t = 1，2，3，…，94。

这里我们考虑了时间因素的作用，使用动态方法进行研究。因此，我们使用的是 25 个投资组合的平均周收益率被解释变量 R_{pt} 对 25 个投资组合的滞后一期解释变量（$\beta_{pm,t-1}$，$\beta_{pe,t-1}$）做回归估计。这个从我们估计的（β_{pmt}，β_{pet}）就可以看出来，因为我们使用的是第 t - 90，t - 89，t - 88，…，t - 1 周的数据，估计得到检验测试期间第 t - 1 周的解释变量（$\beta_{pm,t-1}$，$\beta_{pe,t-1}$），然后使用检验测试期间第 t 周的被解释变量 R_{pt} 对检验测试期间第 t - 1

周的解释变量（$\beta_{pm,t-1}$，$\beta_{pe,t-1}$）进行回归估计。

我们就得到了（λ_{0t}，λ_{1t}，λ_{2t}）的时间序列数据，接着使用 Fama-Macbeth 截面估计方法：

$$\bar{\lambda}_i = \frac{1}{n} \sum_{t=1}^{n} \lambda_{it} \tag{7-5}$$

$$STD_\lambda = \sqrt{\frac{1}{n} \sum_{t=1}^{n} (\lambda_{it} - \bar{\lambda}_i)^2} \tag{7-6}$$

$$t_i = \frac{\sqrt{n}\,\bar{\lambda}_i}{STD_\lambda} \tag{7-7}$$

其中，i = 0，1，2。求出 λ_0，λ_1，λ_2 的均值、标准差和 t 统计量。如果估计结果显示 $\bar{\lambda}_1 > 0$ 且 $\bar{\lambda}_2 < 0$，并且它们都在 5%显著性水平下显著，则表明委托代理对资产定价具有影响。

7.3 获取基准残差 e_t

本书首先在三个样本期间的投资组合形成期间使用基准指数的周收益率对市场指数的周收益率进行回归，估计模型：

$$R_{0t} = \alpha_0 + \beta_{0m}R_{mt} + e_t \tag{7-8}$$

模型中 R_{0t}，R_{mt} 分别为基准指数和市场指数的周收益率。我们估计该模型是为了获取基准指数残差 e_t，用来作为投资组合形成期间对模型回归估计以求出每只股票的 β_{km} 和 β_{ke} 的数据集。这里我们列出了 R_{0t}，R_{mt} 的单位根检验过程，R_{0t}，R_{mt}，e_t 的描述性统计分析结果以及 EG 协整检验分析结果，估计结果如表 7-2~表 7-10 所示。

7.3.1 1999~2000 年估计结果

下面我们首先给出的是第一个样本期间 1999~2000 年的相关结果。

表 7-2 单位根检验

序列	ADF 值	5%显著性水平	10%显著性水平	结论
基准指数 R_{0t}	−7.76	−2.89	−2.58	显著
市场指数 R_{mt}	−7.79	−2.89	−2.58	显著

表 7-3 描述性统计分析结果

统计指标	基准指数 R_{0t}	市场指数 R_{mt}	残差 e_t
平均值	0.000478	0.003943	0.000000
中位数	−0.000700	0.003950	0.000754
最大值	0.147600	0.099200	0.050854
最小值	−0.088600	−0.081100	−0.040581
标准差	0.037292	0.031819	0.014226

表 7-4 EG 协整检验结果

残差序列	ADF 值	5%显著性水平	10%显著性水平	结论
残差序列 e_t	−7.73	−2.89	−2.58	协整
$\beta_{0m} = 1.083407$	t = 22.73	F = 516.75	P = 0.00	$R^2 = 0.85$

由表 7-2 可见，基准指数收益率和市场指数收益率时间序列的 ADF 值都要小于 5%显著性水平下的临界值，说明这两个时间序列都是平稳的。

由表 7-3 可见，R_{0t}，R_{mt} 的平均值均大于 0，平均来看，R_{mt} 的收益率要大于 R_{0t} 的收益率。从它们的标准差来看，市场指数的风险要小于基准指数的风险水平。

由表 7-4 可见，我们对模型进行 EG 协整检验，残差序列 e_t 的 ADF 值要小于 5%显著性水平下的临界值，这说明基准指数收益率和市场指数收益率是协整的。β 系数的 t 值为 22.73，大于 5%显著性水平的临界值 t，F 统计量和拟合优度 R^2 均说明模型拟合得非常好，这也说明上证 180 指数能够很好地代表市场指数。

7.3.2 2004~2005 年估计结果

接下来给出的是第二个样本期间 2004~2005 年的相关结果。

表 7-5 单位根检验

序列	ADF 值	5%显著性水平	10%显著性水平	结论
基准指数 R_{0t}	-9.01	-2.89	-2.58	显著
市场指数 R_{mt}	-8.94	-2.89	-2.58	显著

表 7-6 描述性统计分析结果

统计指标	基准指数 R_{0t}	市场指数 R_{mt}	残差 e_t
平均值	-0.000178	2.07E-05	7.54E-20
中位数	-0.003550	-0.002950	-0.000477
最大值	0.064000	0.067700	0.014284
最小值	-0.074200	-0.072300	-0.007782
标准差	0.023471	0.023275	0.004050

表 7-7 EG 协整检验结果

残差序列	ADF 值	5%显著性水平	10%显著性水平	结论
残差序列 e_t	-8.70	-2.89	-2.58	协整
$\beta_{0m} = 0.993268$	t = 54.15	F = 2932.32	P = 0.00	$R^2 = 0.97$

由表 7-5 可见，基准指数收益率和市场指数收益率时间序列的 ADF 值都要小于 5% 显著性水平下的临界值，说明这两个时间序列都是平稳的。

由表 7-6 可见，平均来看，R_{mt} 的收益率要大于 R_{0t} 的收益率。从它们的标准差来看，两者非常接近，但是市场指数的风险要小于基准指数的风险水平。

由表 7-7 可见，我们对模型进行 EG 协整检验，残差序列 e_t 的 ADF 值要小于 5% 显著性水平下的临界值，这说明基准指数收益率和市场指数收益率是协整的。β系数的 t 值为 54.15，大于 5% 显著性水平的临界值 t，F 统计量和拟合优度 R^2 均说明模型拟合得非常好，这也说明上证 180 指数能够很好地代表市场指数。

7.3.3 2009~2010 年估计结果

最后我们给出的是第三个样本期间 2009~2010 年的相关结果。

表 7-8 单位根检验

序列	ADF 值	5%显著性水平	10%显著性水平	结论
基准指数 R_{0t}	−9.24	−2.89	−2.58	显著
市场指数 R_{mt}	−8.98	−2.89	−2.58	显著

表 7-9 描述性统计分析结果

统计指标	基准指数 R_{0t}	市场指数 R_{mt}	残差 e_t
平均值	−0.003823	−0.004601	−7.38E−20
中位数	−0.010550	−0.006300	0.000600
最大值	0.165100	0.149600	0.026254
最小值	−0.150800	−0.138400	−0.024820
标准差	0.058725	0.053066	0.009457

表 7-10　EG 协整检验结果

残差序列	ADF 值	5%显著性水平	10%显著性水平	结论
残差序列 e_t	−10.14	−2.89	−2.58	协整
$\beta_{0m} = 1.092202$	t = 58.79	F = 3455.70	P = 0.00	$R^2 = 0.97$

由表 7-8 可见，基准指数收益率和市场指数收益率时间序列的 ADF 值都要小于 5%显著性水平下的临界值，说明这两个时间序列都是平稳的。

由表 7-9 可见，和前两个样本期间的结果相反，平均来看，R_{mt} 的收益率要小于 R_{0t} 的收益率。从它们的标准差来看，两者都非常接近，但是市场指数的风险要小于基准指数的风险水平。

由表 7-10 可见，我们对模型进行 EG 协整检验，残差序列 e_t 的 ADF 值要小于 5%显著性水平下的临界值，这说明基准指数收益率和市场指数收益率是协整的。β 塔系数的 t 值为 58.79，大于 5%显著性水平的临界值 t，F 统计量和拟合优度 R^2 均说明模型拟合得非常好，这也说明上证 180 指数能够很好地代表市场指数。

从表 7-8~表 7-10 统计分析结果可见，在每个样本期间的投资组合形成期间，R_{0t}，R_{mt} 和 e_t 都是平稳的时间序列，并且它们之间不存在多重共线性，这说明 R_{mt} 和 e_t 都可以作为构造投资组合步骤中模型的解释变量。模型在三个样本期间都拟合得不错，各个统计量都很显著，说明基准指数能够很好地代表市场指数。

7.4 构造投资组合

我们在每个样本期间的投资组合形成期间，将从 7.3 节获得的 e_t 数据集和市场指数的周收益率 R_{mt} 一起作为解释变量，每只股票的周收益率 R_{kt} 作为被解释变量估计模型：

$$R_{kt} = \alpha_k + \beta_{km}R_{mt} + \beta_{ke}e_t + \varepsilon_t \tag{7-9}$$

其中，k = 1，2，3，…，150。求出 150 只股票的 β_{km} 和 β_{ke}，作为我们构造投资组合的依据。

7.4.1 股票 β_{km} 和 β_{ke} 估计

这里我们以股票青岛海尔（600690）为例，估计该股票在第三个样本期间（2009 年 1 月至 2013 年 12 月）中的投资组合形成期间（2009 年 1 月 9 日至 2010 年 9 月 10 日）的 β_{km} 和 β_{ke}，估计结果如表 7-11~表 7-13 所示。

表 7-11 单位根检验

序列	ADF 值	5%显著性水平	10%显著性水平	结论
周收益率 R_{kt}	−10.26	−2.89	−2.58	显著
市场指数 R_{mt}	−8.98	−2.89	−2.58	显著
基准残差 e_t	−10.14	−2.89	−2.58	显著

表 7-12 描述性统计分析结果

统计指标	R_{kt}	R_{mt}	e_t	ε_t
平均值	0.000138	−0.004601	−2.63E−19	1.96E−18
中位数	−0.000350	−0.006300	0.000600	−0.007431

续表

统计指标	R_{kt}	R_{mt}	e_t	ε_t
最大值	0.178100	0.149600	0.026254	0.168887
最小值	−0.256300	−0.138400	−0.024820	−0.137877
标准差	0.079676	0.053066	0.009457	0.056534

表 7-13 EG 协整检验结果

残差序列	ADF 值	5%显著性水平	10%显著性水平	结论
R_{kt} 对 R_{mt} 残差	−11.21	−2.89	−2.58	协整
R_{kt} 对 e_t 残差	−9.86	−2.89	−2.58	协整
$\beta_{km}=1.0454$ (9.36)	$\beta_{ke}=0.9134$ (2.46)	F = 44.87	P = 0.00	$R^2=0.69$

由表 7-11 可见，青岛海尔股票周收益率、市场指数周收益率和基准残差时间序列的 ADF 值小于 5%显著性水平下的临界值，说明青岛海尔股票周收益率、市场指数周收益率和基准残差时间序列都是平稳的。

由表 7-12 可见，平均来看，R_{kt} 的收益率要大于 R_{mt} 的收益率。从它们的标准差来看，青岛海尔股票的风险要大于市场指数的风险水平，这也验证了高风险、高收益定律。

表 7-13 中系数右边的括号是 t 值。可以看到，我们对模型进行 EG 协整检验，R_{kt} 对 R_{mt} 的残差序列的 ADF 值要小于 5%显著性水平下的临界值，R_{kt} 对 e_t 的残差序列的 ADF 值也要小于 5%显著性水平下的临界值，这说明它们都是协整的。青岛海尔股票的 β_{km} 和 β_{ke} 都在 5%显著性水平下显著，F 统计量、P 值和拟合优度 R^2 均说明模型拟合得非常好。

重复此步骤，直到求出所有 150 只股票的 β_{km} 和 β_{ke}，然后我们先根据 β_{km} 的大小将所有股票分成 5 组，再在所有 5 组里面按照 β_{ke} 的大小再分成 5 组，这样就产生了 25 个投资组合，每个投资组合里有 6 只股票。这 25 个投资组合构成依据是：

21~25 号投资组合的最小 β_{km} ≥ 16~20 号投资组合最大 β_{km}。

16~20 号投资组合的最小 β_{km} ≥ 11~15 号投资组合最大 β_{km}。

11~15 号投资组合的最小 β_{km} ≥ 6~10 号投资组合最大 β_{km}。

6~10 号投资组合的最小 β_{km} ≥ 1~5 号投资组合最大 β_{km}。

25 号投资组合的 β_{ke} ≥ 24 号投资组合的 β_{ke} ≥ 23 号投资组合的 β_{ke} ≥ 22 号投资组合的 β_{ke} ≥ 21 号投资组合的 β_{ke}。

20 号投资组合的 β_{ke} ≥ 19 号投资组合的 β_{ke} ≥ 18 号投资组合的 β_{ke} ≥ 17 号投资组合的 β_{ke} ≥ 16 号投资组合的 β_{ke}。

15 号投资组合的 β_{ke} ≥ 14 号投资组合的 β_{ke} ≥ 13 号投资组合的 β_{ke} ≥ 12 号投资组合的 β_{ke} ≥ 11 号投资组合的 β_{ke}。

10 号投资组合的 β_{ke} ≥ 9 号投资组合的 β_{ke} ≥ 8 号投资组合的 β_{ke} ≥ 7 号投资组合的 β_{ke} ≥ 6 号投资组合的 β_{ke}。

5 号投资组合的 β_{ke} ≥ 4 号投资组合的 β_{ke} ≥ 3 号投资组合的 β_{ke} ≥ 2 号投资组合的 β_{ke} ≥ 1 号投资组合的 β_{ke}。

然而，在 21~25 号投资组合中、16~20 号投资组合中、11~15 号投资组合中、6~10 号投资组合中、1~5 号投资组合中，β_{km} 没有大小之分，也即 22 号投资组合的 β_{km} 和 25 号投资组合的 β_{km} 大小无关紧要，8 号投资组合的 β_{km} 和 9 号投资组合的 β_{km} 大小无关紧要等。

并且，在 21~25 号投资组合、16~20 号投资组合、11~15 号投资组合、6~10 号投资组合、1~5 号投资组合之间任意两个投资组合的 β_{ke} 没有大小关系，即 22 号投资组合和 18 号投资组合的 β_{ke} 没有大小关系，14 号投资组合和 4 号投资组合的 β_{ke} 没有大小关系等。

我们保持这 25 个投资组合在参数估计期间和检验测试期间不变。下面我们列出了 25 个投资组合中股票的列表，以第三个样本期间为例，这里只列出每只股票代码，具体如表7-14所示。

表7-14 25个投资组合的样本股票

序号	1	2	3	4	5	6	7
样本股票	600831	600715	600809	600797	600717	600118	600074
	600829	600081	600628	600644	600686	600838	600710
	600828	600814	600737	600693	600089	600738	600079
	600080	600645	600113	600085	600066	600794	600070
	600825	600086	600694	600120	600868	600796	600867
	600676	600647	600697	600897	600887	600756	600059

序号	8	9	10	11	12	13	14
样本股票	600608	600103	600060	600781	600605	600078	600106
	600712	600810	600812	600731	600093	600879	600668
	600129	600708	600098	600735	600138	600696	600702
	600834	600101	600068	600666	600713	600790	600872
	600719	600789	600690	600746	600620	600815	600653
	600742	600768	600839	600110	600824	600099	600105

序号	15	16	17	18	19	20	21
样本股票	600609	600749	600882	600778	600861	600638	600730
	600744	600883	600782	600075	600889	600725	600112
	600805	600616	600888	600654	600823	600684	600836
	600660	600128	600846	600624	600798	600755	600856
	600832	600764	600071	600652	600884	600895	600055
	600736	600677	600758	600787	600802	600104	600767

序号	22	23	24	25			
样本股票	600791	600661	600747	600896			
	600061	600864	600635	600740			
	600651	600701	600052	600064			
	600622	600683	600641	600881			
	600821	600063	600067	600117			
	600109	600704	600761	600811			

7.4.2 投资组合测试

我们按照上述方法构造出投资组合后，需要对 25 个投资组合在参数估计期间进行测试，测试我们构造的投资组合是否稳定，构造投资组合的方法是否正确。本书首先按照等权平均求出每个投资组合在参数估计期间的平均周收益率。然后对投资组合 p（p = 1, 2, 3, …, 25）在每个样本期间的参数估计期间估计下列模型：

$$R_{pt} = \alpha_p + \beta_{pm}R_{mt} + \beta_{pe}e_t + \varepsilon_t \qquad (7-10)$$

其中，p = 1, 2, 3, …, 25，R_{pt} 为投资组合平均周收益率，$R_{pt} = \frac{1}{6}\sum_{k=1}^{6} R_{kt}$，$R_{mt}$ 为市场指数周收益率，e_t 为基准指数周收益残差，求出 25 个投资组合的 β_{pm}, β_{pe}。

如果估计结果显示 25 个投资组合的 β_{pm}, β_{pe} 满足我们 7.4.1 节所说的投资组合构成依据，说明我们对投资组合进行分组的方法是正确的，且这 25 个投资组合很稳定。这里我们以第三个样本期间的参数估计期间 2010 年 9 月 17 日至 2012 年 4 月 27 日为例进行测试，经过检验，每个投资组合的解释变量 R_{mt}、e_t 和被解释变量 R_{pt} 时间序列都是平稳的，并且解释变量和被解释变量之间都是协整的，这里我们略去了该过程。估计结果如表 7-15 所示。

表 7-15 所示的是估计出的 α_p 乘以 100 的结果，表中系数下面括号里是各系数的 t 值。

从各系数估计的 t 值来看，25 个投资组合的 β_{pm} 均在 5%显著性水平下显著且为正，β_{pe} 在大多数情况下都是显著的且为负，然而常数项 α_p 在大多数情况下都不显著，且数值很小。我们可

表 7-15 投资组合 β_{pm}，β_{pe} 的估计结果

投资组合序号	1	2	3	4	5
$\alpha_p \times 100$	0.9627 (2.03)	0.4137 (1.08)	0.9913 (1.95)	0.006458 (1.49)	0.3558 (0.75)
β_{pm}	0.4362 (2.58)	0.5187 (3.82)	0.2436 (3.18)	0.3732 (2.42)	0.3875 (2.31)
β_{pe}	−4.9065 (−5.03)	−4.8293 (−6.17)	−4.0716 (−3.91)	−3.7156 (−4.18)	−3.4863 (−3.61)
投资组合序号	6	7	8	9	10
$\alpha_p \times 100$	0.9260 (1.70)	0.3938 (0.8)	1.0711 (2.52)	0.2211 (0.79)	0.7354 (1.64)
β_{pm}	0.6991 (3.61)	0.6623 (3.81)	0.8331 (4.51)	0.6171 (6.20)	0.7617 (4.77)
β_{pe}	−4.5147 (−4.04)	−4.0990 (−4.09)	−3.7303 (−4.28)	−2.4273 (−4.23)	0.1284 (0.13)
投资组合序号	11	12	13	14	15
$\alpha_p \times 100$	0.9581 (1.85)	0.7791 (1.97)	0.5459 (1.27)	0.0344 (0.08)	0.6560 (1.12)
β_{pm}	0.9150 (4.95)	0.8548 (6.06)	0.9296 (6.08)	0.8790 (5.78)	0.8983 (4.30)
β_{pe}	−5.5139 (−5.18)	−5.4142 (−6.66)	−4.0342 (−4.58)	−3.5394 (−4.03)	−3.3485 (−2.78)
投资组合序号	16	17	18	19	20
$\alpha_p \times 100$	0.8372 (1.56)	0.9612 (1.66)	0.7461 (1.67)	0.0312 (0.12)	0.7305 (1.41)
β_{pm}	0.9470 (4.95)	0.9498 (4.60)	0.9807 (6.16)	0.9514 (10.27)	0.9639 (5.24)
β_{pe}	−3.8971 (−3.54)	−3.5988 (−3.02)	−2.9374 (−3.2)	−1.6718 (−3.13)	0.1128 (0.10)
投资组合序号	21	22	23	24	25
$\alpha_p \times 100$	0.1019 (0.18)	0.5562 (1.11)	0.0527 (0.12)	1.3622 (2.04)	−0.2657 (−1.5)
β_{pm}	1.0707 (5.34)	1.0814 (6.06)	1.0789 (7.26)	1.0763 (4.53)	1.0143 (16.13)
β_{pe}	−5.0139 (−4.34)	−4.9223 (−4.79)	−3.4519 (−4.03)	−2.8816 (−2.1)	−0.7771 (−2.14)

以发现，投资组合的 β_{pm} 和 β_{pe} 都是单调的，β_{pm} 的取值范围为 0.2436~1.0814，β_{pe} 的取值范围为 −5.5139~0.1284，并且 25 个投资组合都满足我们 7.4.1 节所说的投资组合构成依据，这说明我们构造投资组合的方法是正确的，并且构造的投资组合非常稳定。

我们对第三个样本期间的参数估计期间进行测试，从模型估计结果可以发现，25 个投资组合的 β_{pm} 均在 5% 显著性水平下高度显著且大于 0，β_{pe} 在大多数情况下都是高度显著的且小于 0，且都满足投资组合的构成依据，这说明我们先按照股票 β_{km} 的大小分成 5 组，再按照股票 β_{ke} 的大小分成 5 组，总共得到 25 个投资组合的构造方法是正确的，且这些投资组合都保持稳定。

7.5 模型检验

7.5.1 变量选取

我们按照上述方法构造出 25 个投资组合后，下面要做的就是使用参数估计期间的数据求出这 25 个投资组合的 β_{pm}，β_{pe}，以作为检验测试期间的解释变量。这里我们考虑了时间因素的作用，使用动态方法进行估计。以样本期间 2009 年 1 月到 2013 年 12 月为例，每个投资组合在参数估计期间和检验测试期间都有 94 周收益率，这里我们对投资组合使用等权平均求出投资组合平均周收益率，即为投资组合中每只股票周收益率的等权平均值。

动态估计方法如下：使用参数估计期间第 1 周到第 94 周收益率估计出参数估计期间第 94 周 25 个投资组合的 β_{pm} 和 β_{pe}，用它们作为检验测试期间第 1 周的解释变量；使用参数估计期间第 2 周到检验测试期间第 1 周收益率估计出检验测试期间第 1 周 25 个投资组合的 β_{pm} 和 β_{pe}，用它们作为检验测试期间第 2 周的解释变量……使用参数估计期间第 94 周到检验测试期间第 93 周收益率估计出检验测试期间第 93 周 25 个投资组合的 β_{pm} 和 β_{pe}，用它们作为检验测试期间第 94 周的解释变量。这样一来，25 个投资组合在检验测试期间总共有 94 对（β_{pm}，β_{pe}）。

然后，我们对投资组合中每只股票在检验测试期间第 t 周收益率 R_{kt} 等权平均，求出投资组合在检验测试期间第 t 周收益率，即 $R_{pt} = \frac{1}{6}\sum_{k=1}^{6} R_{kt}$。这样一来，25 个投资组合在检验测试期间总共有 94 周收益率 R_{pt}，相应地，25 个投资组合在检验测试期间也总共有 94 对（β_{pmt}，β_{pet}）。保留这些数据，作为下一步模型检验的变量数据集。

在样本期间 1999 年 1 月至 2003 年 12 月和 2004 年 1 月至 2008 年 12 月的方法与此类似，只不过最后在检验测试期间分别有 90 周收益率 R_{pt} 和 90 对滞后一期（$\beta_{pm,t-1}$，$\beta_{pe,t-1}$）、93 周收益率 R_{pt} 和 93 对（β_{pmt}，β_{pet}）。

限于篇幅，投资组合周收益率 R_{pt} 和投资组合（β_{pmt}，β_{pet}）估计过程此处略过。

7.5.2 模型参数估计

我们使用 Fama-Macbeth 估计方法估计模型参数。在每周,使用上一步骤得到的 25 个投资组合的第 t 周收益率 R_{pt} 作为被解释变量,25 个投资组合的 β_{pmt},β_{pet} 作为解释变量估计基于委托代理的资产定价模型的实证模型:

$$R_{pt} = \lambda_{0t} + \lambda_{1t}\hat{\beta}_{pmt} + \lambda_{2t}\hat{\beta}_{pet} + \varepsilon_t \quad P=1, 2, 3, \cdots, 25 \quad (7-11)$$

这样,我们得到(λ_{0t},λ_{1t},λ_{2t})的时间序列数据。其中在样本期间 1999~2003 年的检验测试期间 2002 年 4 月至 2003 年 12 月 t = 1, 2, 3, $\cdots$, 90;在样本期间 2004~2008 年的检验测试期间 2007 年 4 月至 2008 年 12 月 t = 1, 2, 3, $\cdots$, 93;在样本期间 2009~2013 年的检验测试期间 2012 年 5 月至 2013 年 12 月 t = 1, 2, 3, $\cdots$, 94。

接下来使用 Fama-Macbeth 估计方法估计模型参数:

$$\bar{\lambda}_i = \frac{1}{n}\sum_{t=1}^{n}\lambda_{it} \quad (7-12)$$

$$STD_\lambda = \sqrt{\frac{1}{n}\sum_{t=1}^{n}(\lambda_{it} - \bar{\lambda}_i)^2} \quad (7-13)$$

$$t_i = \frac{\sqrt{n}\,\bar{\lambda}_i}{STD_\lambda} \quad i = 0, 1, 2 \quad (7-14)$$

其中 n 为周数,在样本期间 2002 年 4 月至 2003 年 12 月 n=90,在样本期间 2007 年 4 月至 2008 年 12 月 n = 93,在样本期间 2012 年 5 月至 2013 年 12 月 n = 94。求出($\bar{\lambda}_0$,$\bar{\lambda}_1$,$\bar{\lambda}_2$)以及它们的 t 值后,如果估计结果显示 $\bar{\lambda}_1 > 0$ 且 $\bar{\lambda}_2 < 0$,并且它们都在 5%显著性水平下显著,则意味着基于委托代理的资产定价模型在我国股票市场有效,委托代理对资产定价具有影响。

下面我们以样本期间2009~2013年的检验测试期间2012年5月至2013年12月为例，说明模型参数估计过程。

使用上一步骤得到的25个投资组合的第t周收益率R_{pt}作为被解释变量，25个投资组合的β_{pmt}，β_{pet}作为解释变量估计基于委托代理的资产定价模型的实证模型：

$$R_{pt} = \lambda_{0t} + \lambda_{1t}\hat{\beta}_{pmt} + \lambda_{2t}\hat{\beta}_{pet} + \varepsilon_t \quad p = 1, 2, 3, \cdots, 25 \quad (7-15)$$

因为该检验测试期间总共有94周，所以我们得到94对(λ_{0t}, λ_{1t}, λ_{2t})，这里我们只列出了λ_{2t}的数据，并且给出都是$\lambda_{2t} \times 100$后的数值，结果如表7-16所示。

表7-16 94周 $\lambda_{2t} \times 100$ 数值

周数	1	2	3	4	5	6	7	8
λ_{2t}	0.0733	0.0664	0.0239	−0.0148	0.0225	−0.0237	−0.0587	−0.2646
周数	9	10	11	12	13	14	15	16
λ_{2t}	−0.0119	−0.021	−0.0172	−0.0242	−0.3774	0.127	−0.1436	−0.1229
周数	17	18	19	20	21	22	23	24
λ_{2t}	−0.0005	−0.1173	−0.1035	−0.3939	−0.1206	−0.1455	−0.0027	−0.116
周数	25	26	27	28	29	30	31	32
λ_{2t}	−0.0035	−0.0413	−0.003	−0.0315	−0.0255	−0.0124	−0.0554	0.0313
周数	33	34	35	36	37	38	39	40
λ_{2t}	0.004	−0.0138	0.0162	−0.0086	−0.0416	0.0618	0.0052	−0.014
周数	41	42	43	44	45	46	47	48
λ_{2t}	0.029	−0.0225	−0.3773	0.0378	−0.0577	−0.2059	0.001	−0.1498
周数	49	50	51	52	53	54	55	56
λ_{2t}	−0.1998	0.0522	−0.0932	−0.1568	−0.0396	−0.1935	−0.3008	0.1971
周数	57	58	59	60	61	62	63	64
λ_{2t}	−0.051	−0.0299	0.0316	−0.0476	0.274	0.0843	−0.28	0.0427
周数	65	66	67	68	69	70	71	72
λ_{2t}	−0.1584	−0.1417	0.4902	0.2991	−0.379	0.2276	−0.0967	0.0494

续表

周数	73	74	75	76	77	78	79	80
λ_{2t}	0.2479	0.0505	−0.3169	−0.3493	−0.226	−0.154	0.1859	0.264
周数	81	82	83	84	85	86	87	88
λ_{2t}	−0.3422	−0.0786	−0.1296	0.0445	0.0956	−0.0866	−0.2479	−0.0655
周数	89	90	91	92	93	94		
λ_{2t}	−0.2371	−0.1728	−0.0512	−0.0401	0.0364	−0.0368		

接下来，使用 Fama-Macbeth 估计方法估计参数：

$$\bar{\lambda}_2 = \frac{1}{94}\sum_{t=1}^{94} \lambda_{2t} = -0.0004972 \quad (7-16)$$

$$STD_2 = \sqrt{\frac{1}{94}\sum_{t=1}^{94}(\lambda_{2t} - \bar{\lambda}_2)^2} = 0.0015677 \quad (7-17)$$

$$t = \frac{\sqrt{94}\,\bar{\lambda}_2}{STD_2} = -3.07 \quad (7-18)$$

其他样本期间计算方法一样，最终每个样本期间估计结果如表 7-17 所示（表中所有系数估计结果都乘以 100，数值下面括号里是每个系数的 t 统计量）。

表 7-17 参数估计结果

时间段	$\bar{\lambda}_0 \times 100$	$\bar{\lambda}_1 \times 100$	$\bar{\lambda}_2 \times 100$
2002 年 4 月至 2003 年 12 月	−0.81420 (1.76)	0.14564 (3.48)	0.07353 (−0.68)
2007 年 4 月至 2008 年 12 月	0.30217 (2.68)	0.08179 (0.51)	−0.07664 (1.42)
2012 年 5 月至 2013 年 12 月	−0.03511 (−1.48)	0.09105 (2.30)	−0.04972 (−3.07)

估计结果显示，在 5% 显著性水平下，市场 β 系数 $\bar{\lambda}_1$ 在样本期间 2002~2003 年和 2012~2013 年是显著的，且是正的，在样本期间 2007~2008 年也是正的，但是不显著。而基准 β 系数

$\bar{\lambda}_2$ 只在样本期间 2012~2013 年是显著的,并且是负的,在样本期间 2007~2008 年也是负的,且接近显著。

这说明委托代理效应只存在于样本期间 2009~2013 年,这个和我国金融市场的情况比较符合,因为我国机构投资者在 2009 年开始迅速增长,从而委托代理才对资产定价具有影响。并且实证结果 $\bar{\lambda}_2$ 在样本期间 2004~2008 年也是负的,但是接近显著,这个和我国金融市场现状也比较符合,因为我国是在 2001 年推出第一只开放式基金,但是在 2009 年之前,机构投资者持股未达到大部分,从而机构投资者的委托代理对资产定价具有一定的影响,但是这种影响力量比较微弱,导致估计结果中 $\bar{\lambda}_2$ 虽然小于 0,但是不显著。

样本期间 2002~2003 年估计结果表明,经典资本资产定价模型(CAPM)在我国股票市场有效,而基于委托代理的资产定价模型在我国股票市场无效,因为该样本期间的 $\bar{\lambda}_1$ 大于 0 且显著,而 $\bar{\lambda}_2$ 不显著且大于 0。

7.6 本章小结

我们以上证 180 指数作为基准指数,上证综合指数作为市场指数,选用的样本期间为 1999~2013 年,采用 Fama-Macbeth 方法估计参数。将样本期间分成三个阶段进行分析:投资组合形成期间、参数估计期间、检验测试期间。从估计结果可以发现委托代理对我国股票市场中资产定价具有影响,并且模型在样本期间 2009~2013 年很显著，我们还发现经典资本资产定价模型（CAPM）在样本期间 2002~2003 年有效。

然后我们选用我国股票市场上 16 只开放式股票型基金对模型进行实证研究，选择的样本期间为 2006~2008 年和 2011~2013 年，以检验实证结果的稳定性和可靠性，实证结果强化了我们的结论。

在对已有研究成果进行总结，并探讨了现有资产定价模型的优点与不足的基础上，本书考虑了机构投资者的委托代理的影响，改进了经典的资本资产定价模型（CAPM）以增强其在现实应用中的解释能力，同时建设性地在模型中考虑了委托代理的影响，用来反映现实的资本市场。在本书中，我们使用了一个简单的基于委托代理的资产定价模型，该模型比古典的资本资产定价模型（CAPM）更能描述当今资本市场，因为古典的资本资产定价模型（CAPM）没有考虑委托代理的影响。19 世纪 70 年代，直接投资者在金融市场上占绝大部分，他们是影响资产定价的主导力量。虽然当时机构投资者也已经存在，但是他们只持有一小部分金融资产，不能成为影响资产定价的主导力量。因此，在这段时期发展起来的资产定价模型，特别是经典的资本资产定价模型（CAPM）考虑的只是直接投资者，不考虑任何机构投资者，这和该模型提出时期的市场情况一致。

然而，20 世纪 70 年代以来，机构投资者迅速增长，由于机构投资者是受人之托，代人理财，他们不可避免地存在逆向选择和道德风险等委托代理问题，从而导致机构投资者可能偏离委托人的投资目标。资本市场上机构投资者持股比例的增加直至达到绝大部分，机构投资者的效用函数和直接投资者的目标函数不一致很可能对资产定价具有影响。随着机构投资者在我国股市规模的扩大，导致经典资本资产定价模型（CAPM）不再适用。因此，我们在经典资本资产定价模型（CAPM）的基础上推出了基于委托代理的资产定价模型，模型预测委托代理会降低资产的预期收益率。

本书在样本期间1999~2013年对模型进行分析，并没有剔除2005年，是为了反映上海股票市场的真实概况，因为2005年股权分置改革政策出台并开始实施是客观事实。我们选用上证180指数为基准指数，上证综合指数为市场指数，样本量为所有在上证A股上市的共150只股票，剔除了那些发生过暂停上市等特殊事项的股票，这里使用周收益率进行研究，所有的数据均来自于Resset锐思金融研究数据库。我们采用Fama-Macbeth方法进行估计，模型实证研究结果表明委托代理对我国股票市场中资产定价具有影响，并且都发生在2009~2013年。这个和我国金融市场的情况比较符合，因为我国机构投资者在2009年开始迅速增长，从而委托代理才对资产定价具有影响。并且实证结果显示在2004~2008年机构投资者的委托代理对资产定价具有一定的影响，但是这种影响力量比较微弱。我们还发现经典资本资产定价模型（CAPM）在1999~2003年在我国股票市场有效。此外，本书选取了我国股票市场中规模大、流动性强的16只开放式股票型基金对模型进行实证研究，研究的样本期间为2006~2008年和2011~2013年，以检验结果的稳定性和可靠性，实证结果强化了我们的结论。

本书研究发现委托代理对资产定价具有影响，这就要求中国证券监督管理委员会和证券交易所需要加强对机构投资者的监管，以合理发挥机构投资者对股市的促进作用。投资者也需要加强对机构投资者的监督，防止机构投资者的逆向选择和道德风险的影响。并且投资者需要选择合格的机构投资者，与其签订合理的委托代理合同，保护自己的利益。

当然，本书在研究中还存在许多不足，如使用的样本股票局限于 1998 年 1 月 1 日就已经上市的上证 A 股股票，没有考虑其他股票；研究的样本期间没有避开股权分置改革的影响，股权分置改革也许对实证结果具有一定的影响。针对以上不足，在未来，笔者打算在以下几个方面进行研究：第一，使用所有上证 A 股股票进行分析；第二，剔除金融类公司和净资产为负的公司股票；第三，研究的样本期间剔除 2005 年及随后几年，排除股权分置改革的影响；第四，探索影响资产收益的其他因素，建立更加符合我国股票市场情况的资产定价模型。本书的模型和一些结论都是在静态框架所得，进一步的研究应该从动态的角度研究委托人和机构投资者之间的信息不对称，探索委托代理合同相关参数条款的设置，从而使得机构投资者不会违背委托人的利益，充分发挥机构投资者的作用和资本市场的资源优化配置功能。

参考文献

[1] Abel A. Asset prices under habit formation and catching up with the Joneses [J]. American Economic Review, 1990, 80 (2): 38-42.

[2] Admati R A, Pleiderer P. Does it all add up? Benchmarks and the compensation of active portfolio manager[J]. Journal of Business, 1997, 70 (3): 323-350.

[3] Agarwal Vikas, Daniel N, Naik N. Flows, performance, and managerial incentives in hedge funds [R]. London Business School, 2004.

[4] Alexander G, Baptista A. Active portfolio management with benchmarking: Adding a value-at-risk constraint [J]. Journal of Economic Dynamics & Control, 2008, 32 (3): 779-820.

[5] Allen F, Gorton G. Churning, bubbles [J]. Review of Economic Studies, 1993, 60 (3): 813-836.

[6] Andersen P, N C Petersen. A Procedure for ranking efficient units in data envelopment analysis [J]. Management Science, 1993, 39 (10): 1261-1264.

[7] Anderson E J. Ranking games and gambling: When to quit when you're ahead [J]. Operations Research, 2012, 60 (5): 29-44.

[8] Arora N, Ju N, Ou-Yang H. A model of asset pricing under portfolio delegation and differential information [R]. http://www.duke.edu/~huiou/Arora_Ju_Ou-Yang.pdf, 2006.

[9] Banz R W. The relation between stock return and market value of common stocks [J]. Journal of Financial Economics, 1981 (3): 3-18.

[10] Barber B M, Lyon J D. Detecting long-run abnor malstock returns: The empirical power and specification of test statics [J]. Journal of Financial Economics, 1997 (2): 341-372.

[11] Basak S, Makarov D. Competition among portfolio managers and asset specialization [R]. Working paper, London Business School, 2014.

[12] Basak S, Makarov D. Difference in interim performance and risk taking with short-sale constraints [J]. Journal of Financial Economics, 2012, 103 (2): 377-392.

[13] Basak S, Makarov D. Strategic asset allocation in money management [J]. Journal of Finance, 2014, 69 (1): 179-217.

[14] Basak S, Pavlova A, Shapiro A. Optimal asset allocation and risk shifting in money management [J]. Review of Financial Studies, 2007, 20 (5): 1583-1621.

[15] Basak S, Pavlova A, Shapiro A. Offsetting the implicit incentives: Benefits of benchmarking in money management [J]. Journal of Banking and Finance, 2008, 32 (9): 1883-1893.

[16] Basak S, Pavlova A. Asset prices and institutional investors [J]. American Economic Review, 2013, 103 (3): 1728-1758.

[17] Basak S, Shaprio A, Tepla L. Risk management with benchmarking [J]. Management Science, 2006, 52 (4): 542-557.

[18] Bass, Funari A.Persistence in mutual fund performance [J]. Journal of Finance, 2001, 55 (2): 35-42.

[19] Berk J B, Green R C. Mutual fund flows and performance in rational markets [J]. Journal of Political Economy, 2004, 12 (6): 1269-1295.

[20] Bhandari L C. Debt/Equity ration and expected common stock returns, empirical evidence [J]. Journal of Finance, 1988 (3): 507-528.

[21] Bhattacharya S, Pleiderer P. Delegated portfolio management [J]. Journal of Economic Theory, 1985, 36 (2): 1-25.

[22] Binsbergen J, Brandt M, Koijen R. Optimal decentralized investment management [J]. Journal of Finance, 2008, 63 (4): 1849-1895.

[23] Black F, Michael C, Jensen, Scholes M. The capital asset pricing model some empirical tests [J]. Studies in the Theory of Capital Markets, 1972 (3): 79-121.

[24] Breeden D. An intertemporal asset pricing model with stochastic consumption and investment opportunities [J]. Journal of Financial Economics, 1979 (2): 265-296.

[25] Brennan M J, Feifei Li. Agency and asset pricing [R]. Working Paper, 2008.

[26] Brennan M J. Agency and asset pricing [R]. http://www.escholarship.org/uc/item/53k014sd.pdf, 1993.

[27] Brennan M, Cheng X, Li F. Agency and institutional invest-

ment [J]. European Financial Management, 2012, 18 (1): 1–27.

［28］ Brennan M, Li F. Agency and asset pricing [R]. http://citeseerx.ist.psu.edu/viewdoc/download? doi = 10.1.1.145.8838&rep = rep1&type=pdf, 2008.

［29］ Brown K C, Harlow W, Starks, L. Of tournaments and temptations: An analysis of managerial incentives in the mutual fund industry [J]. Journal of Finance, 1996, 51 (1): 85–110.

［30］ Browne S. Risk-constrained dynamic active portfolio management [J]. Management Science, 2001, 46 (9): 1188–1199.

［31］ Browne S. Stochastic differential portfolio games [J]. Journal of Applied Probability, 2000, 37 (1): 126–147.

［32］ Brunnermeier M, Sannikov Y. A macroeconomic model with a financial sector [R]. http://www.princeton.edu/~markus/research/papers/macro_finance.pdf, 2011.

［33］ Buffa A, Vayanos D, Woolley P. Asset management contracts and equilibriums prices [R]. Working Paper, http://www.nber.org/papers/w20480.

［34］ Busse J. Another look at mutual fund tournament [J]. Journal of Financial and Quantitative Analysis, 2001, 36 (1): 53–73.

［35］ Campbell J, Cochrane J. By force of habit: A consumption based explanation of aggregate stock market behavior [J]. Journal of Political Economy, 1999, 107 (2): 205–251.

［36］ Carhart M M. On Persistence in mutual fund performance [J]. Journal of Finance, 1997, 52 (1): 57–82.

［37］ Carpenter J I. Does option compensation increase managerial risk appetite? [J]. Journal of Finance, 2000, 55 (4): 2311–

2331.

[38] Chan Y, Kogan L. Catching up with the Joneses: Heterogeneous preferences and the dynamics of asset prices [J]. Journal of Political Economy, 2002, 110 (6): 1255-1285.

[39] Chang E C, Lewellen W G. Market timing and mutual fund investment performance [J]. Journal of Business, 1984, 57 (1): 57-72.

[40] Chen H L, Pennacchi G. Does prior performance affect a mutual fund's choice of risk? [J]. Journal of Financial and Quantitative Analysis, 2009, 44 (4): 745-775.

[41] Chen J, Hughson E, Stoughton N. Strategic mutual fund tournaments [R]. Working Paper, http://www.nealstoughton.com/Documents/tournamentspaper.pdf, 2012.

[42] Chevalier J, Ellison G. Risk taking by mutual funds as a response to incentives [J]. Journal of Political Economy, 1997, 105 (3): 1167-1200.

[43] Chiung-Ju Liang, Ming-Li Yao, Jui-Chih Wang. A test of equilbrium implications of the agency-based asset pricing model [J]. International Journal of Management, 2006.

[44] Cornell B, Roll R. A delegated-agent asset-pricing model [J]. Financial Analysts Journal, 2005, 61 (1): 57-69.

[45] Cuoco D, He H, Isaenko S. Optimal dynamic trading strategies with risk limits [J]. Operations Research, 2008, 56 (2): 358-368.

[46] Cuoco D, Kaniel R. Equilibrium prices in the presence of delegated portfolio management [J]. Journal of Financial Economics,

2011, 101 (2): 264-296.

[47] Cvitanić J, Wan X, Zhang J. Optimal compensation with hidden action and lump-sum payment in a continuous-time model [J]. Applied Mathematics and Optiumization, 2009, 59 (1): 99-146.

[48] Daraio C, Simar L. A Robust nonparametric approach to evaluate and explain the performance of mutual funds [J]. European Journal of Operational Research, 2006 (1): 516-542.

[49] Dasgupta A, Prat A, Verardo M. The price impact of institutional herding [J]. Review of Financial Studies, 2011, 24 (3): 892-925.

[50] David Hunter, Eugene Kandel, Shmuel Kandel. Mutual performance evaluation with active peer benchmarks [J]. Journal of Financial Economics, 2014, 112 (1): 1-29.

[51] Davis M, Norman A. Portfolio selection with transaction costs [J]. Mathematics of Operations Research, 1990, 15 (4): 676-713.

[52] Del Guercio D, Tkac P. The effect of Morningstar ratings on mutual fund flow [J]. Journal of Financial and Quantitative Analysis, 2008, 43 (4): 907-936.

[53] DeMarzo P, Kaniel R, Kremer I. Relative wealth concerns and financial bubbles [J]. Review of Financial Studies, 2008, 21 (1): 19-50.

[54] Ding B, Getmansky M, Liang B, Wermers R. Share restrictions and investor flows in the hedge fund industry [R]. Working Paper, University of Massachusetts, 2010.

[55] Domenico Cuoco, Ron Kaniel. Equilibrium prices in the presence of delegated portfolio management [J]. Journal of Financial Economics, 2011.

[56] Drechsler I. Risk choice under high-water marks [J]. Review of Financial Studies, 2014, 27 (7): 2052-2096.

[57] Dumas B, Luciano E. An exact solution to a dynamic portfolio choice problem under transaction costs[J]. Journal of Finance, 1991, 46 (2): 577-595.

[58] Dybvig P H, Farnsworth H K, Carpenter J N. Portfolio performance and agency [J]. Review of Financial Studies, 2010, 23 (1): 1-23.

[59] Elena Asparouhova, Peter Bossaerts, Jernej Copic. Experiments on asset pricing under delegated portfolio management[R]. 2010.

[60] Espinosa G, Touzi N. Optimal investment under relative performance concerns [J]. Mathematical Finance, 2013, 23 (6): 1-37.

[61] Fama E F, French K R. Common risk factors in the return on bonds and stocks [J]. Journal of Financial Economics, 1993: 30-53.

[62] Fama E F, French K R. The cross-section of expected stock returns [J]. Journal of Finance, 1992: 427-464.

[63] Fama E F, K R French.Multifactor Explanations of asset pricing anomalies [J]. Journal of Finance, 1996, 51 (1): 55-84.

[64] Ferson W, R Schadt. Measuring fund strategy and per-

formance in changing economic conditions [J]. Journal of Finance, 1996 (51): 425-462.

[65] Florian Hoffmann, Sebastian Pfeil. Delegated investment in a dynamic agency model [R]. Working Papers, 2013: 1-30.

[66] Frei C, Reis G. A financial market with interacting investors: Does an equilibrium exit? [J]. Mathematical Financial and Economics, 2011, 4 (1): 161-182.

[67] Garcia D, Vanden J. Information acquisition and mutual funds [J]. Journal of Economic Theory, 2009, 144 (5): 1965-1995.

[68] Garleanu N, Pedersen L. Dynamic trading with predictable returns and transaction costs [J]. Journal of Finance, 2013, 68(6): 2309-2340.

[69] Gary B Gorton, Ping He. Agency-based asset pricing [J]. Journal of Economic Theory, 2013 (1): 1-3.

[70] Glebkin S, Makarov D. Capital market equilibrium with competition among institutional investors [R]. http://papers.ssrn.com/sol3/papers.cfm? abstract_id=2017002, 2012.

[71] Gomez J P, Sharma T. Portfolio delegation under short-selling constraints [J]. Economic Theory, 2006, 28 (2): 173-196.

[72] Gomez J P, Zapatero F. Asset pricing implications of benchmarking: A two-factor CAPM [J]. The European Journal of Finance, 2003, 9 (4): 343-357.

[73] Gomez J, Priestley R, Zapatero F. Implications of keeping up with the Joneses behavior for the equilibrium cross-section of stock returns: International evidence [J]. Journal of Finance, 2009 (64): 2703-2737.

[74] Gomez J. The impact of keeping up with the Joneses behavior on asset prices and portfolio choice [J]. Finance Research Letters, 2007, 4(1): 95-103.

[75] Goriaev A, Nijman T, Werker B. Yet another look at mutual fund tournaments [J]. Journal of Empirical Finance, 2005, 12(1): 127-137.

[76] Grinblatt M, Titman S. Adverse risk incentives and the design of performance-based contracts [J]. Management Science, 1989, 35(4): 807-822.

[77] Grinblatt, Titman. A study of monthly mutual fund returns and performance evaluation techniques [J]. The Journal of Business, 1994, 29(3): 419-444.

[78] Grinblatt, Titman. Mutual fund performance: An analysis of quarterly Pprtfolio holdings [J]. The Journal of Business, 1989, 62(3): 393-416.

[79] Guerrieri V, Kondor P. Fund managers career concerns and Asset Price Volatility [R]. http://papers.ssrn.com/sol3/papers.cfm? abstract_id=1612945, 2010.

[80] Harjoat S Bhamra. Asset prices with heterogeneity in preferences and beliefs [J]. Review of Financial Studies, 2014, 27(2): 519-580.

[81] Harry Markowitz. Portfolio selection [J]. Journal of Finance, 1952, 7(1): 77-91.

[82] He Z, Krishnamurthy A. A model of capital and crises [J]. Social Science Electronic Publishing, 2008, 79(14366): 735.

[83] He Z, Krishnamurthy A. Intermediary asset pricing [J].

American Economic Review, 2013, 103 (2): 732-770.

[84] Henriksson R D, Merton R C. On market timing and investment performance: Statistical procedures for evaluating forecasting skills [J]. Journal of Business, 1981, 54 (4): 513-533.

[85] Hodor I. Equilibrium with benchmarking institutions [R]. Working Paper, School of Management, Boston University, 2014.

[86] Hugonnier J, Kaniel R. Mutual fund portfolio choice in the presence of dynamic flows [J]. Mathematical Finance, 2010, 20 (2): 187-227.

[87] Jack Treynor, Kay Mazuy. Can mutual funds outguess the market [J]. Harvard Business Review, 1966 (44): 131-136.

[88] Jack Treynor. How to rate management Investment Funds [J]. Harvard Business Review, January-February, 1965: 63-75.

[89] Jans R, Otten R. Tournaments in the UK mutual fund industry [J]. Managerial Finance, 2008, 34 (11): 786-798.

[90] John D Lamb, Kai-Hong Tee. Data envelopment analysis models of investment funds [J]. European Journal of Operational Research, 2011 (3): 687-696.

[91] Juan-Pedro Gomez, Fernando Zapatero. Asset pricing implications of benchmarking: A two-factor CAPM [J]. European Journal of Financial, 2003 (3): 343-357.

[92] Kaniel R, Kondor P. The delegated Lucas tree [J]. Review of Financial Studies, 2013, 26 (3): 929-984.

[93] Kapur S, Timmerman A. Relative performance evaluation contracts and asset market equilibrium [J]. The Economic Journal, 2005, 115 (5): 1077-1102.

[94] Kempf A, Ruenzi S. Tournaments in mutual-fund families [J]. Review of Financial Studies, 2008 (21): 1013-1036.

[95] Koijen R. The cross-section of managerial ability, incentives, and risk preferences [J]. Journal of Finance, 2014, 69 (3): 1051-1098.

[96] Koski J L, Pontiff P. How are derivatives used? Evidence from the mutual fund industry [J]. Journal of Finance, 1999, 54 (2): 791-816.

[97] Kothari S P, Shanken J, Sloan R G. Another look at the cross-section of expected stock [J]. Journal of Finance, 1995: 185-223.

[98] Kyle A S, Ou-Yang H, Wei B. A model of portfolio delegation and strategic trading [J]. Review of Financial Studies, 2012, 24 (11): 3378-3812.

[99] L R Glosten, R Jagannathan. A contingent claim approach to performance evaluation [J]. Journal of Empirical Finance, 1994, 1 (2): 133-160.

[100] Lakonishok J, Shapiro A C. Systematic risk, total risk and explanations [M]. Cambridge University Press: Stock Market Anomalies, 1986.

[101] Lauterbach B, and Reisman H. Keeping up with the Joneses and the home Bias [J]. European Financial Management, 2004, 10 (2): 225-234.

[102] Leippold M, Rohner P. Equilibrium implications of delegated asset management under benchmarking [J]. Review of Finance, 2012, 16 (4): 935-984.

[103] Li W, Tiwari A. Incentive contracts in delegated portfo-

lio management [J]. Review of Financial Studies, 2009, 22 (11): 4681-4714.

[104] Lintner J. The valuation of risk assets and the selection of risky investments in stock portfolios and capital budgets[J]. Review of Economics and Statistics, 1965 (2): 13-37.

[105] Markus Leippold, Philippe Rohner. Equilibrium implications of delegated asset management under benchmarking[R]. CICF, 2012: 1-44.

[106] Merton R C. An intertemporal capital asset pricing model [J]. Econometrica, 1973, 41 (5): 867-887.

[107] Merton R C. Lifetime portfolio selection under uncertainty: The continuous-time case[J]. Review of Economics and Statistics, 1969, 5 (3): 247-257.

[108] Merton R C. Optimum consumption and portfolio rules in a continuous-time model[J]. Journal of Economic Theory, 1971, 3 (4): 373-413.

[109] Michael C.Jensen.The performance of funds in the period 1945-1964 [J]. Journal of Finance, 1968, 23 (2): 389-416.

[110] Murthi B P S, Y K Choi, Desai. Efficiency of mutual funds and portfolio performance measurement: A non-parametric approach [J]. European Journal of Operational Research, 1997, 98 (2): 408-418.

[111] Navneet Arora, Nengjiu Ju, Hui Ou-Yang. Asset pricing under portfolio delegation and differential information [R]. CICF, 2013: 1-30.

[112] Ohad Kadan, Fang Liu. Improved inference in the eval-

uation of mutual fund performance evaluation with high moments and disaster risk [J]. Journal of Financial Economics, 2014, 113 (1): 131-155.

[113] Ou-Yang H. Optimal contracts in a continuous-time delegated portfolio management problem [J]. Review of Financial Studies, 2003, 16 (1): 173-208.

[114] Palomino F. Relative performance objectives in financial markets [J]. Journal of Financial Intermediation, 2005, 14 (3): 351-375.

[115] Panageas S, Westerfield M. High-water marks: High risk appetites? Convex compensation, long horizons, and portfolio choice [J]. Journal of Finance, 2009, 64 (1): 1-30.

[116] Petajisto A. Why do demand curves for stocks slope down? [J]. Journal of Financial and Quantitative Analysis, 2009, 44 (5): 1013-1044.

[117] Pirvu R C. Portfolio optimization under the Value-at-Risk constraints [J]. Quantitative Finance, 2007, 7 (1): 125-136.

[118] Qiu J. Termination risk, multiple managers and mutual fund tournaments [J]. European Finance Review, 2003, 7 (2): 161-190.

[119] Qiu Z. An institutional REE model with relative performance [R]. Working Paper, http://papers.ssrn.com/sol3/papers.cfm?abstract_id=2015202, 2014.

[120] Reed A, Wu L. Racing the clock: Benchmarking or tournaments in mutual fund risk-shifting? [R]. Working Paper, University of North Carolina, 2005.

[121] Reinganum M R. Misspecification of capital asset pricing: Empirical anomalies based on cernings yield andmarket values [J]. Journal of Financial Economics, 1981 (3): 19–46.

[122] Roll R. A mean/variance analysis of tracking error [J]. Journal of Portfolio Management, 1992, 18 (4): 13–22.

[123] Ross S A. The arbitrage theory of capital asset pricing [J]. Journal of Economic Theory, 1976: 341–360.

[124] Ross S. Compensation, incentives and the duality of risk aversion and riskiness [J]. Journal of Finance, 2004, 59 (1): 207–225.

[125] Sergei Glebkin, Dmitry Makarov. Capital market equilibrium with competition among institutional investors [J]. European Journal of Financial, 2012 (3): 1–9.

[126] Sharpe W F. Capitalasset prices: A theory of market equilibrium under conditions of risk [J]. Journal of Finance, 1964 (19): 425–442.

[127] Sirri E, Tufano P. Costly search and mutual fund flows [J]. Journal of Finance, 1998, 53 (5): 1589–1622.

[128] Steven G, Kaniel R, Starks L. Madison avenue meets wall street: Mutual fund families, competition, and advertising [R]. Working Paper, University of Texas, 2016.

[129] Stoughton N. Moral hazard and the portfolio management problem [J]. Journal of Finance, 1993, 48 (3): 2009–2028.

[130] Suleyman Basak, Anna Pavlova. Asset prices and institutional investors [R]. Working Papers, 2012: 1–37.

[131] Taylor J D. A role for the theory of tournaments in stud-

ies of mutual fund behavior [J]. Journal of Economic Behavior and Organization, 2003, 50 (2): 373-383.

[132] van Binsbergen, Brandt M, Koijen R. Optimal decentralized investment management [J]. Journal of Finance, 2008, 63 (4): 1849-1895.

[133] Vayanos D, Voolley P. An institutional theory of momentum and reversal [R]. http://personal.lse.ac.uk/VAYANOS/WPapers/ITMR.pdf, 2010.

[134] William F Sharpe. Mutual fund performance [J]. Journal of Business, 1966 (39): 119-138.

[135] William F Sharpe. The theory of capital asset pricing [J]. Management Science, 1963 (1): 137-149.

[136] Yiu K. Optimal portfolios under a value-at-risk constraint [J]. Journal of Economic Dynamics & Control, 2004, 28 (4): 1317-1334.

[137] Zhiguo He, Wei Xiong. Delegated asset management, investment mandates, and capital immobility [J]. Journal of Financial Economics, 2012: 239-258.

[138] 毕先萍, 肖争艳, 李正友. 相对财富与股票溢价之谜 [J]. 财贸研究, 2004, 25 (3): 68-72.

[139] 蔡庆丰, 李超. 金融市场投资主体机构化对资产定价的影响 [J]. 中国煤炭经济学院学报, 2002: 141-146.

[140] 蔡庆丰, 李超. 金融投资中介化及其对市场的影响 [J]. 证券市场导报, 2004 (6): 37-42.

[141] 蔡庆丰, 李超. 金融中介影响资产定价的初步探讨 [J]. 陕西经贸学院学报, 2002: 10-13.

[142] 蔡庆丰. 代理投资、道德风险与市场效率 [D]. 厦门: 厦门大学, 2006.

[143] 蔡庆丰. 代理投资要求修正现代金融理论体系 [N]. 中国社会科学报, 2011-08-04.

[144] 曾勇, 唐小我, 郑维敏. 一种组合证券选择和资产定价分析 [J]. 管理工程学报, 2000, 13 (1): 1-7.

[145] 陈国进, 吴锋. 代理投资、金融危机与金融制度结构 [J]. 金融研究, 2002 (8): 61-66.

[146] 陈良均, 朱庆棠. 随机过程及应用 [M]. 北京: 高等教育出版社, 2003.

[147] 陈小悦, 孙爱军. CAPM 在中国股市的有效性检验 [J]. 北京大学学报, 2000, 37 (4): 28-37.

[148] 陈彦斌, 徐绪松. 基于风险基金的资本资产定价模型 [J]. 经济研究, 2003: 34-42.

[149] 邓超, 袁倩. 基于动态 DEA 模型的证券投资基金绩效评价 [J]. 系统工程, 2007 (1): 111-117.

[150] 丁文桓, 冯英浚, 康宇虹. 基于 DEA 的投资基金业绩评估 [J]. 数量经济技术经济研究, 2002 (3): 98-101.

[151] 丁振华. 基金过去的业绩会影响未来的风险选择吗 [J]. 证券市场导报, 2006 (4): 39-45.

[152] 杜平, 徐济东. 用 VaR 度量与管理投资基金的市场风险 [J]. 经济问题探索, 2007 (7): 67-71.

[153] 范龙振, 余世典. 中国股票市场的三因子模型 [J]. 系统工程学报, 2002, 17 (6): 537-546.

[154] 方毅, 张屹山. 跟踪误差下积极资产组合投资的风险约束机制 [J]. 中国管理科学, 2006, 14 (4): 19-24.

[155] 方毅，张屹山. CVaR、VaR 应用在 RAROC 的比较研究 [J]. 数理统计与管理，2007（1）：74-80.

[156] 韩志远. 开放式基金的绩效检验 [J]. 大连海事大学学报（社会科学版），2006（9）：64-68.

[157] 贺炎林. 中国股市横截面收益特征及内在形成机理研究 [M]. 北京：经济科学出版社，2008.

[158] 江萍，田澍. 基金管理公司股权结构与基金绩效研究 [J]. 金融研究，2011（6）：123-135.

[159] 揭磊. 基于因子分析法的基金投资效率综合评价 [J]. 当代经济，2009（10）：84-86.

[160] 金昊，吴世农. 牛市与熊市间我国开放式股票型基金的绩效评价 [J]. 首都经济贸易大学学报，2007（1）：57-61.

[161] 靳云汇，刘霖. 中国股票市场 CAPM 的实证研究 [J]. 金融研究，2001（7）：106-115.

[162] 李绯. 不对称信息下基于资产链的资产定价研究 [D]. 上海：上海师范大学，2012.

[163] 李鹏，蔡庆丰. 公众投资者利益与机构投资者委托代理问题研究 [J]. 武汉金融，2008：15-17.

[164] 刘京军，梁建峰. 道德风险下的最优委托理财契约研究 [J]. 系统工程学报，2009，24（5）：602-606.

[165] 刘亮. 可转换债券市场异常现象的理论研究——基于委托代理问题的资产定价模型 [J]. 中国管理科学，2008，16（2）：14-19.

[166] 刘沛欣，田军，周勇. 基于 VaR 和 ES 调整的 Sharpe 比率及在基金评价中的实证研究 [J]. 数理统计与管理，2012（7）：735-750.

[167] 刘维奇，牛晋霞，张信东.股权分置改革与资本市场效率——基于三因子模型的实证检验[J].会计研究，2010（3）：65-73.

[168] 卢学法，严谷军.证券投资基金绩效评价实证研究[J].南开经济研究，2004（5）：79-84.

[169] 路磊，黄京志，吴博.基金排名变化和羊群效应变化[J].金融研究，2014（9）：177-191.

[170] 罗琰，杨招军.基于随机微分博弈的保险公司最优决策模型[J].保险研究，2010，15（8）：48-52.

[171] 罗琰，杨招军.基于随机微分博弈的最优投资组合[C].http://www.paper.edu.cn，2010.

[172] 梅国平.投资组合绩效评价的实证研究[J].当代财经，2003（10）：48-50.

[173] 倪苏云，肖辉，吴冲锋.证券投资基金的管理费率设计研究[J].系统工程理论与实践，2004，24（1）：25-30.

[174] 庞丽艳，李文凯，黄娜.开放式基金绩效评价研究[J].经济纵横，2014（7）：91-95.

[175] 彭焓.股票型开放式基金绩效评价实证研究——基于主成分分析法[D].成都：西南财经大学，2013.

[176] 钱建豪.基于DEA模型的我国开放式基金绩效评价体系及其实证研究[J].当代财经，2005（12）：42-46.

[177] 任大源，徐玖平，黄南京，吴萌.含交易成本和机会成本的极小极大多期投资组合选择模型[J].系统工程理论与实践，2012，32（1）：11-19.

[178] 沈维涛，黄兴孪.我国证券投资基金业绩的实证研究与评价[J].经济研究，2001（9）：22-30.

[179] 盛积良, 马永开. 两类不对称对基金风险承担行为的影响研究[J]. 系统工程学报, 2008, 23 (4): 398-404.

[180] 盛积良, 马永开. 管理者具有市场能力的委托组合投资管理合同研究[J]. 系统工程理论与实践, 2007, 27 (10): 48-53.

[181] 施东晖. 上海股票市场风险性实证研究[J]. 经济研究, 1996 (10): 44-48.

[182] 史晨昱, 刘霞. 从竞赛观点探讨基金经理人的风险调整行为[J]. 证券市场导报, 2005 (2): 37-43.

[183] 史敏, 汪寿阳, 徐山鹰. 修正的Sharpe指数及其在基金业绩评价中的应用[J]. 系统工程理论与实践, 2006 (7): 1-10.

[184] 束景虹. 开放式基金竞争激励机制的效率分析——基于竞争锦标赛的视角[J]. 北京理工大学学报 (人文社科版), 2013, 15 (4): 76-83.

[185] 苏辛, 周勇. 基于非对称幂分布的中国开放式基金业绩评价和检验[J]. 数理统计与管理, 2015 (1): 162-174.

[186] 孙洋. 基于因子分析法的证券投资基金绩效评价[D]. 兰州: 兰州大学, 2010.

[187] 唐振鹏, 彭伟. 基于CVaR的RAROC对我国开放式基金绩效评价[J]. 系统工程理论与实践, 2010 (8): 1403-1413.

[188] 万家友. 基于数据包络分析DEA的开放式基金绩效评估[D]. 成都: 西南财经大学, 2008.

[189] 汪剑琴. 基于因子分析模型的基金业绩分析[J]. 安徽农业大学学报 (社会科学版), 2015, 25 (5): 48-53.

[190] 王明好, 陈忠, 蔡晓钰. 费率结构对证券投资基金风险承担行为的影响研究[J]. 系统工程理论与实践, 2004, 24

（10）：117-21.

［191］王擎，吴玮，蔡栋梁．基金评级与资金流动：基于中国开放式基金的经验研究［J］．金融研究，2010，53（9）：106-122.

［192］王庆石，肖俊喜．风险调整的投资组合绩效测度指标综合评价［J］．世界经济，2001（10）：63-70.

［193］王守法．我国证券投资基金绩效的研究与评价［J］．经济研究，2005（3）：119-127.

［194］王源昌，汪来喜，罗小明．F-F三因子资产定价模型的扩展及其实证研究［J］．金融观察，2010（6）：45-50.

［195］吴冲锋，王柱子，冯芸．基于资产链的资产定价问题的思考［J］．管理科学学报，2008，11（1）：1-11.

［196］吴晓亮，刘亮．基金发展对证券市场均衡及资产价格的影响研究［J］．运筹与管理，2010，19（2）：109-115.

［197］肖峻，石劲．基金业绩与资金流量：我国基金市场存在"赎回异象"吗？［J］．经济研究，2011（1）：112-125.

［198］熊和平，柳庆原．异质投资者与资产定价研究评析［J］．经济评论，2008（1）：118-122.

［199］徐德财．基于联立方程的消费资产定价模型［D］．长春：吉林大学，2010.

［200］徐美萍，张波．基于DEA的基金绩效评价研究［J］．数学的实践与认识，2009（6）：27-32.

［201］徐绪松，陈彦斌．相对财富和习惯形成的资本资产定价模型［J］．管理科学学报，2004，7（3）：1-6.

［202］徐振华．基于流通股比例效应的资产定价模型实证研究［D］．广州：广东商学院，2012.

[203] 杨爱军, 孟德锋. 考虑高阶矩的广义 Sharpe 比率影响的投资基金绩效评价 [J]. 统计与决策, 2012 (20): 156-160.

[204] 杨朝军, 邢靖. 上海证券市场 CAPM 实证检验 [J]. 上海交通大学学报, 1998, 32 (3): 59-64.

[205] 杨大楷, 蔡锦涛. 基于 DEA 方法的开放式证券基金业绩评价 [J]. 安徽大学学报（哲学社会科学版）, 2008 (3): 128-135.

[206] 杨坤, 曹晖, 宋双杰. 基金业绩与资金流量: 明星效应与垫底效应 [J]. 管理科学学报, 2013, 16 (5): 29-38.

[207] 张涤新, 屈永哲. 机构投资者持股持续性对我国上市公司业绩及风险的影响研究 [J]. 系统工程理论与实践, 2018, 38 (2): 273-286.

[208] 张丽. 基于因子分析法的基金综合绩效评价研究 [D]. 长沙: 中南大学, 2007.

[209] 张维, 李根, 熊熊, 韦立坚, 王雪莹. 资产价格泡沫研究综述: 基于行为金融和计算实验方法的视角 [J]. 金融研究, 2009 (8): 182-193.

[210] 张亦春, 蔡庆丰. 金融中介、代理投资与资产泡沫 [J]. 福建论坛, 2004 (2): 13-15.

[211] 张亦春, 蔡庆丰. 投资中介化、风险转嫁与资产泡沫 [J]. 华南金融研究, 2004: 1-7.

[212] 赵睿, 赵陵. VaR 方法与资产组合分析 [J]. 数量经济技术经济研究, 2002 (11): 44-47.

[213] 赵秀娟, 汪寿阳. 中国证券投资基金运行效率的一个实证分析 [J]. 系统工程理论与实践, 2007 (3): 1-10.

[214] 赵中秋, 陈倩, 李金林. 基于多元分析法的我国开放

式基金绩效评价[J].北京理工大学学报（社会科学版），2005（6）：53-56.

[215] 周铨，朱洪亮，李心丹.基于因子聚类方法的基金风格分类研究[J].南方经济，2006（12）：61-69.

[216] 朱顺泉.资本资产定价模型CAPM在中国资本市场中的实证检验[J].统计与信息论坛，2010，25（8）：95-99.